The Builder

REVISTA PARA EL ESTUDIO DE LA MASONERÍA

THE BUILDER
Revista para el estudio de la masonería

Publicada mensualmente por la
National Masonic Research Society
JOSEPH FORT NEWTON

N.º 12

EDICION ORIGINAL	REEDICIÓN ESPAÑOLA
Diciembre, 1915	Enero, 2025

Edición histórica

Publicado por
MASONICA
Ediciones del Arte Real

© 2025 ENTREACACIAS, S.L.

ENTREACACIAS, SL
[Sociedad Editora]
Covadonga, 8
33002 Oviedo - Asturias (España)
info@freemasonrybooks.com

Primera edición: enero de 2025

ISSN: 2695-8899
ISBN (edición impresa): 979-13-87560-13-3
ISBN (edición digital): 979-13-87560-14-0
Depósito Legal: AS 00143-2020

(THE BUILDER es un foro abierto para el debate libre y fraternal. Cada uno de sus colaboradores escribe con su propio nombre y es responsable de sus propias opiniones. Creyendo que una unidad de espíritu es mejor que una uniformidad de opinión, la Sociedad de Investigación, como tal, no defiende ninguna escuela de pensamiento masónico frente a otra; sino que ofrece a todos por igual un medio para el compañerismo y la instrucción, dejando que cada uno se mantenga o caiga por sus propios méritos).

SUMARIO

--- N.º 12 - Enero 2025 ---

UNA MEDIACIÓN MASÓNICA

POR EL EDITOR
John Fort Newton

¿QUÉ es lo más importante del mundo? Sin duda, el día más importante en la vida de un hombre es cuando responde a esa pregunta, porque decide su bello ideal de excelencia, de posesión, de logro. Lo que admira, lo imita. Lo que él exalta en su sueño, lo atrae hacia sí y lo moldea sutilmente según su diseño. Siempre los ídolos de los hombres son sus ideales, y un ideal, un fin supremo, deseable por encima de todo, cada hombre debe tener, y tiene. Tanto la razón como la acción exigen un fin último, como condición del pensamiento y meta del esfuerzo. Sombras somos, apresurándonos de noche en noche, a través de un resplandor del día, ¿hacia dónde tendemos y cuál es el premio de la carrera que corremos? Lo que vivimos determina lo que somos, lo que valemos para nosotros mismos, para nuestros semejantes y para el mundo.

Todos los hombres buscan lo más grande del mundo, pero pocos son los que lo encuentran, aunque el secreto más profundo es el más abierto. En la providencia de Dios, las cosas más necesarias para todos los hombres son comunes a todos los hombres. Aunque misteriosas, son universales. Cuando somos jóvenes, el Ideal parece lejano, oculto en el esplendor soñador de la distancia; pero cuando nos hacemos mayores nos damos cuenta de que lo que más necesitamos no está en los cielos ni más allá de los mares, sino muy cerca de nosotros, incluso en nuestros corazones. Lowell nos enseñó esta verdad en su exquisita parábola del peregrino en su larga búsqueda de Dios. Al final de un largo viaje, llegó al monte santo y rogó que se le diera una señal de que Dios estaba allí y de que era aceptado. De pronto, una roca se abrió a sus pies, y apareció una hermosa flor que llenó el aire de fragancia; y mientras la arrancaba, recordó que esa misma flor, tan fatigosamente buscada y encontrada, se la había traído su hijita cuando empezó. arrancada de su propia puerta.

Una cosa está clara: el bien supremo debe ser un bien indispensable, sin el cual ningún bien es bueno; aquello que da sentido y valor a la vida. Debe ser tal que la elegiríamos antes que cualquier otra cosa, si tuviéramos que elegir. Debe conservar su valor en retrospectiva, sin dejar ningún pesar en el corazón de quien le juró lealtad, incluso hasta la última medida plena de devoción. Debe ser lo suficientemente grande como para dar rienda suelta a las múltiples facultades del hombre. Debe ser un bien soberano, un objetivo focalizador, que haga que todas las actividades de la vida se cohesionen y converjan hacia un único punto, armonizando el esfuerzo mientras revela la verdad de lo que es la vida y lo que significa. Debe dar cuenta de la grandeza que atribuimos a todo ser humano. ¿Qué es lo que puede responder a esta descripción? Ciertamente, no es algo palpable, nada que podamos tocar con los dedos, como el oro. Tampoco puede ser un mero conjunto de sensaciones, como la salud. Debe ser algo tan rico y profundo como la vida misma, que nos da una clave de su ritmo, un destello de su resplandor, un indicio de su razón de ser.

Razonando hacia atrás desde el hecho hasta el deseo, preguntemos a los hombres de acción, a los hombres de poder, a los maestros de la oportunidad, con un cerebro rebosante y una voluntad de hierro y una persistencia incansable, si han encontrado el gran Ideal. Un escritor de cuentos francés nos ha hablado de una Piel Mágica, cuyo poseedor podía disfrutar de todos los deseos, pero el talismán se encogía y se hacía más pequeño a medida que se concedía cada deseo. La vida es un talismán. A nuestro alrededor vemos a hombres que sacrifican la facilidad, el descanso y la vida misma, pagando días y años de su menguante capital de tiempo, ¿a cambio de qué? ¿Es por enriquecimiento real, por valor eterno? ¿Es para que sus almas sean de grano más fino, sus mentes entrenadas y ricas en pensamiento, para que entiendan algo del mundo antes de dejarlo? ¿Es todo esto una tensa lucha sin fin para hacerlos dueños de sí mismos, siervos de los hombres, el alma enriquecida por su pobreza, y hecha soberana por el servicio? ¡No! Es por la escoria, por la gloria del yo, por la trompeta del panegírico, por la riqueza, el poder y la fama que se desvanece rápidamente, para poder estar una pulgada por encima de los liliputienses a su alrededor y mandar.

Estos son los ideales del mercado y del foro.

¿Debemos convenir entonces en que los hombres que siguen tales ideales son prácticos? Es evidente que no. Están ebrios de deseo, hipnotizados por brillantes adornos, sonámbulos en un sueño despierto. Los hombres prácticos buscan cosas que merezcan la pena, negándose a trocar las arenas del reloj de arena por meros oropeles que se marchitan con la obtención; no lo dan todo a cambio de nada. Sólo es práctico el que busca lo que permanece, en lo que puede confiar y que trae alguna satisfacción al alma. De vez en cuando entra en la plaza del mercado un hombre pálido de angustia, gritando en voz alta: «¡Despertad, durmientes!». No despiertan, y conocen en lo más profundo de su corazón la verdad del mensaje, incluso cuando se burlan del mensajero. Podrán matarlo con una cicuta, con fuego, con una cruz, pero la palabra vive, y al mensajero por fin lo honran. De este desasosiego, de esta sensación sobresaltada de vacío y error, de esta visión fulgurante de lo mejor y lo mejor, surgen destellos de lo más grandioso de la vida, del cofre que contiene las joyas de la corona de la soberanía moral del hombre.

Si acudimos a los grandes pensadores, encontramos a Sócrates diciendo que el bien supremo es el conocimiento; no los meros hechos, ni mucho menos las teorías, sino el conocimiento vivo que ilumina el camino hacia la virtud. Qué noble era, recorriendo Atenas exhortando a jóvenes y viejos por igual al mayor perfeccionamiento del alma como único empeño digno del hombre. A lo largo de los años escuchamos su gran argumento a favor de la inmortalidad del alma, y le oímos decir que una discusión de este tipo debería concluir con una oración. Entonces pronunció esa breve y sabia oración, expresando en pocas palabras la suma de su deseo:

"Dios todopoderoso, concédeme llegar a ser bello en el hombre interior, y que cualquier cosa exterior que tenga esté en paz con las interiores. Que yo considere rico al sabio, y que tenga tal porción de oro que nadie sino un hombre justo pueda llevar ni emplear. ¿Necesitamos algo más, Fedro? Por mí ya he rezado bastante».

"Sí, haz la misma oración por mí también», dijo Fedro, «pues la posesión de los amigos debe ser parte y parte por igual».

Qué hermoso es, nos recuerda la oración de los dos muchachos del poema hindú, que pedían que Dios los protegiera y los disfrutara a ambos y que su sabiduría creciera brillantemente juntos. A Sócrates le parecía increíble que un hombre que había visto una vez la belleza de la virtud y el horror del mal, pudiera elegir el mal camino. Sin embargo, los hombres que lo hacen tan bien como saben son muy pocos, como cada uno de nosotros puede atestiguar. Platón vio este hecho, y consideró que la cosa más grande del mundo era la purificación de la mente de los deseos y pasiones de la carne. Vio que la humanidad sólo ha empezado a salir del fango y del barro. Algunos han levantado la cabeza, otros el pecho, los ojos son claros, los labios puros y el corazón libre. Ninguno de nosotros tiene los pies sueltos. Cada pensamiento turbio e ilógico es mucha arcilla en el cerebro. Cada palabra maliciosa es tanta arcilla en los labios. Cada mirada impura es tanta arcilla en los ojos. Que podamos elevarnos por completo, que la elevada forma del hombre se eleve por encima de nuestra ascendencia animal, que nuestros espíritus se mantengan erguidos como ya lo hacen nuestros cuerpos: éste es, según Platón, el gran objetivo y fin de la vida.

Aristóteles, que buscaba afanosamente el propósito de los propósitos, el fin de los fines, lo encontró en la felicidad, no en el placer, sino en la felicidad de la actividad perfecta y racional. El esfuerzo y la actividad son necesarios, pero la actividad implica un objetivo. Sin ella vamos a la deriva; con ella nos dirigimos.

Ser consciente de poner en marcha una actividad que implique todas nuestras fuerzas, en favor de la felicidad que pertenece a la justicia; ser un agente activo y eficaz.

~que le parecía a Aristóteles el bien supremo para el hombre. Cumple todas las pruebas. Es indispensable. Es duradero. Da concentración y dirección a la vida, pero evita que nos volvamos estrechos. Nos rescata de la depresión, que es un sufrimiento intenso y pasivo. Si ahora juntamos los tres, tenemos el conocimiento que ilumina el camino hacia la virtud, y el esfuerzo para limpiar la arcilla de nuestra naturaleza, lo mejor para realizar la felicidad de la acción correcta y el ser correcto. Tal es la respuesta de la filosofía a la búsqueda del bien supremo, los resultados netos del trabajo de las mentes más brillantes, todo ello resumido por Kant cuando dijo que deberíamos vivir de tal manera que, si nuestra vida se convirtiera en una ley o norma universal, redundaría en el bien de la humanidad.

La filosofía es hielo; la religión, fuego. Lo que echamos de menos en la filosofía es el poder de movernos a hacer lo que sabemos: el conocimiento que resplandece de emoción, que se hace luminoso por la esperanza, el sueño del corazón que reprende al rezagado... inspira al sincero, da alas al cansado y hace que el esfuerzo por olvidarse de uno mismo sea el precio barato de la victoria y el logro.

Por más que las grandes religiones difieran en cuanto al método para alcanzarlas, todas nos dan algo que no se encuentra en la filosofía: un poder para cambiar el corazón hasta que el hombre sienta el significado de la renuncia, de la humildad, de la unión con el espíritu de santidad. Con Buda la forma de vida era mediante la represión del deseo, y una piedad omnímoda, a la espera de la absorción en lo Divino. Con Moisés la palabra sacramental era Deber.

Por encima de todo, por encima de la fe, por encima del ascetismo, por encima del amor, por encima incluso del culto, está la augusta y terrible llamada del deber. No es simplemente el susurro de la naturaleza, una costumbre social, una mera herencia. Es el hecho. Es el motivo. Es la vida de Dios que atrae al hombre hacia sí y hacia su voluntad. En medio de todas las incertidumbres, éste es el gran secreto a voces de la vida, la esencia de la religión, de la ética y de toda nobleza espiritual. No es una prohibición, sino una obediencia, alegre, ansiosa y agradecida, a la alta voluntad de Dios en la que hay paz.

Está claro que si queremos encontrar lo más grande del mundo, debe ser algo lo suficientemente amplio, profundo y rico como para incluir el conocimiento de Sócrates, la pureza de Platón, la felicidad de Aristóteles, la piedad de Buda y el gran idealismo moral de Moisés. ¿De qué se trata? ¿Qué ideal está a la altura de esta exigencia en altura, profundidad y amplitud? Cuando San Pablo quiere hablarnos del bien último y de la gloria de la vida, no lo define, lo que demuestra no sólo su sabiduría, sino su sentido de su grandeza. Hay una verdad que empieza donde acaban las definiciones. No es indefinido, sino indefinible; no es la vaguedad de una mente confusa, sino la maravilla sin aliento de un corazón que escucha. Además, el Apóstol utiliza una palabra que no se encuentra en la tradición clásica, que se traduce como amor, caridad, cortesía, pero que nadie puede esperar traducir. Incluye todo esto y lo trasciende. Es algo que todas las palabras y frases juntas no pueden expresar: un misterio, una maravilla, una profundidad que ninguna plomada puede sondear. Es el centro de la unión, el cemento de la sociedad, la fragancia y el esplendor de la vida. Es la esencia de la ley, la inspiración del esfuerzo, la meta del empeño, la medida de toda excelencia. Es la vida de Dios en el alma del hombre.

En primer lugar, el Apóstol muestra cómo, sin esta única cosa necesaria, la vida es vacía, vana e inútil. La elocuencia, por muy angelical que sea, es sólo sonido y furia que no significan nada, «si no tengo amor». El conocimiento, aunque llegue a la raíz de todos los misterios, no trae ninguna recompensa real a menos que se trabaje en un espíritu de amor. La filantropía pródiga, e incluso el heroísmo del martirio -si fueran posibles sin él- pierden su esplendor. Es el secreto del carácter, de la paciencia que sufre mucho y es bondadosa, de la alegría en la bondad sobre la que no cae sombra de envidia, de la humildad que se olvida de sí misma, de la dignidad que nunca se comporta indecorosamente, de la abnegación que no busca lo suyo, sí, y de la blanca pureza que no piensa en el mal. Es el secreto, también, de una confianza increíble y conquistadora, capaz de soportar todas las cosas porque ve donde otros están ciegos, y espera donde otros desesperan - ve la belleza oculta y olvidada en la vida más salpicada de pecado, y, viendo, se atreve a creer en la bondad desconocida de los hombres malos, y en la Divinidad que ronda nuestro polvo mortal. De ahí sus magistrales alianzas contra el dolor y el mal, sus dulces e infatigables conciliaciones y su inquebrantable dominio sobre un puñado de esperanzas inmortales.

Entonces un rayo de luz blanca eterna, que caía de alguna estrella piloto lejana, brilló por un instante sobre la página, y en su resplandor el Apóstol escribió tres palabras que en este mundo triste, cínico y desilusionado parecen demasiado buenas para ser verdad: «El amor nunca falla». ¿Cómo puede ser verdad en un mundo en el que «la vida es un recuento de pérdidas cada año», en el que tantas cosas bellas pierden su belleza, y en el que en la suciedad y el desorden de las cosas se mancha tanto lo que es puro y santo? Cada vez más el conocimiento de una época se convierte en la necedad de la siguiente. Las profecías fracasan por falsedad o por cumplimiento, y las pobres lenguas balbucientes son acalladas en el gran silencio. Pero lo más grande del mundo permanece, nuevo cada mañana e inagotable al atardecer, la copa del encanto, la corona del triunfo, la belleza soberana que ni el tiempo ni el azar pueden oscurecer o mancillar. Sí, nos saca del marasmo del pecado y del dolor y de la incomprensión inmemorial, de la sombra a ese misterio sin nombre e inefable en el que la fe se pierde en la visión, y la esperanza se cumple en la fruición, y donde, por fin, «conoceremos como también somos conocidos...».

SIMBOLISMO, LA LEYENDA HIRÁMICA Y LA PALABRA DE MAESTRO

Por el Hno. J. Otis Ball, Illinois

veces parece que el fundamento de todo lo que se ha escrito sobre cualquier tema puede encontrarse en Platón. El cuidadoso Emerson dice: «Sólo Platón, tiene derecho a la fanática observación de Omar, 'Quemen las bibliotecas; porque su valor está en este libro'». En el *Fedro* de Platón encontramos los principios fundamentales de la alocución pública, y uno de los primeros principios que se dan es que el orador defina claramente sus términos para que no haya malentendidos ni desacuerdos al principio.

Me impresionó mucho la definición de Simbolismo del Hermano Gage al principio de su charla sobre Simbolismo del Primer Grado, y probablemente será bueno que repasemos brevemente su definición. Quizá podamos aclararlo en nuestra mente, o quizá añadir alguna idea de valor. El Hermano Gage se detuvo en la derivación y el significado de la palabra símbolo. Descubrió que la palabra procedía del griego y significaba comparar. Un símbolo es la expresión de una idea por comparación. A menudo, las ideas abstractas se transmiten mejor por comparación con objetos concretos.

Un símbolo es también un signo, y las palabras signo y símbolo son especialmente sinónimas en su conexión masónica. Los símbolos de la masonería son las señales que guían al viajero a lo largo de su viaje por la vida y le indican su destino. Antiguamente, cuando los cansados peregrinos se dirigían a la ciudad que deseaban -ya fuera La Meca, adonde iban los mahometanos para saludar al sol naciente, o

Jerusalén, adonde viajaban los cristianos para pisar el suelo santifica-do por las pisadas del hombre de Nazaret-, las señales del camino signi-ficaban mucho para ellos. Lo mismo ocurre en la masonería. Es con una cierta satisfacción y alegría que encontramos estas señales o símbo-los que indican el camino correcto a seguir y marcan nuestro progreso moral y espiritual de la misma manera que las señales a lo largo del camino marcaban el progreso del peregrino en tiempos pasados.

El estudio de estos signos o símbolos se llama Simbolismo, y el hombre que se esfuerza por encontrar estos signos en la masonería y leerlos correctamente, se llama Simbolista. Un Simbolista, al tratar de entender los símbolos de la masonería, no sólo se beneficia a sí mismo, sino que también puede ayudar a algún otro peregrino can-sado y fatigado en su viaje por la vida. Por lo tanto, abordemos este tema del Simbolismo de manera reflexiva; porque si los símbolos de la masonería son postes guía que nos ayudarán en nuestro peregrina-je terrenal, entonces, en verdad, el esfuerzo vale la pena.

Además de definir el Simbolismo como el estudio de estos signos en la masonería, intentemos también definir la masonería. Si cada uno de nosotros recibiera un trozo de papel y escribiera una defini-ción de la masonería, probablemente nos sorprenderíamos de las di-versas ideas. Acordemos, pues, como sugiere Platón, una definición. Se ha dicho que una de las mejores maneras de fijar claramente en la mente lo que algo es, es descubrir algunas de las cosas que no es. No tendríamos ninguna dificultad en estar de acuerdo en que la maso-nería no es política, aunque algunas de las actividades recientes en nuestra fraternidad nos hacen sentir que hay algunos entre nosotros que están intentando hacer una organización política de la fraterni-dad. Mientras que el poder hace el derecho, oiremos a los hermanos jactarse de los logros políticos de la Fraternidad Masónica y alentar el odio y el prejuicio, pero la política no es masonería.

Hay una gran diferencia entre la masonería y la Fraternidad Ma-sónica. La Fraternidad Masónica está formada por hombres que si-guen, o que se supone que siguen, las enseñanzas de la masonería;

pero los hombres son propensos a equivocarse. La fraternidad es propensa a desviarse de los principios fundamentales de la masonería, y los errores se deben a la fragilidad del hombre y a los errores de su juicio, más que a los principios de la masonería. Por lo tanto, al hablar de la masonería, tanto de su historia como de sus características, no me refiero a la fraternidad masónica.

Entonces, si la masonería no es la fraternidad, ¿qué es? Al referirnos a nuestro monitor de Illinois, encontramos la siguiente frase en la conferencia del Secretario, pronunciada en la antesala antes de que el candidato sea admitido en la logia: «La masonería consiste en un curso de instrucción moral antigua, jeroglífica, enseñada de acuerdo con las costumbres antiguas mediante tipos, emblemas y figuras alegóricas». Es una definición preciosa, pero ¿se entiende su significado?

Los peculiares caracteres grabados en las rocas de las tumbas de los antiguos egipcios son jeroglíficos. Durante muchos siglos permanecieron como mudos secretos desconocidos de épocas pasadas y desaparecidas. Los investigadores modernos, sin embargo, lograron revelarlos y descifrarlos, y los jeroglíficos y signos fueron finalmente leídos y comprendidos. Resultaron ser representaciones pictóricas claras de acontecimientos e ideas, llenas de significado, pero sólo para quienes las entendían. La masonería, al ser jeroglífica, se enseña mediante un sistema de signos o símbolos que significan algo para quienes los han estudiado, pero para los demás no significan nada.

¿Por qué la masonería es jeroglífica? Tal vez se deba a ese viejo principio de que algo que obtenemos por muy poco esfuerzo, suele ser muy poco valorado; pero algo por lo que tenemos que gastar más esfuerzo, creemos que tiene más valor. Al igual que el etimólogo descubre el significado de un antiguo jeroglífico egipcio tras meses de cuidadoso estudio y búsqueda, así nosotros encontramos la verdad tras una cuidadosa reflexión. Así como se dice que nuestro anciano hermano Pitágoras descubrió el cuadragésimo séptimo problema de Euclides, sólo después de una fatigosa y tediosa labor, así nosotros descubriremos los secretos de la masonería sólo después de buscarlos. La masonería, por lo tanto, es jeroglífica por la buena razón fundada en una verdad fundamental, que algo que obtenemos a cambio de nada no vale nada.

La masonería es moral, porque está en perfecto acuerdo con los principios establecidos de la verdad, y esa es la verdadera moralidad. Aprendemos que este sistema jeroglífico y moral se enseña mediante tipos, emblemas y figuras alegóricas. Hablamos de un hombre de cierto tipo, lo que significa que tiene ciertas características en común con los hombres de su misma clase o tipo. Los tipos son expresiones de clasificación, mediante las cuales podemos fijar en nuestra mente verdades o características generales y extraer conclusiones de ellas. Los emblemas son signos o símbolos visibles para el ojo, que representan algo además de a sí mismos, y crean en la mente un flujo de pensamiento. La escuadra, por ejemplo, ha sido en todas las épocas un emblema de la masonería, pero su uso se ha hecho tan común que «estar en la escuadra» tiene un significado para otros que no son masones.

Las alegorías son parábolas. A la pregunta de por qué la masonería se enseña con alegorías en vez de con afirmaciones lógicas de la verdad en forma directa, podemos responder que en muchas épocas la verdad se ha enseñado con alegorías y parábolas, para que la mente pueda concebir verdades grandes y fundamentales por comparación con cosas sencillas. Algunos piensan que la masonería se enseña mediante tipos, emblemas y figuras alegóricas para ocultar el pensamiento, pero a mí me parece que revelan la verdad y la hacen clara y comprensible. En la maravillosa parábola del Sembrador, aprendemos de la semilla que cayó en tierra fértil, la semilla que cayó entre cardos, y la semilla que cayó en las rocas y pedregales. ¿Oculta la parábola el pensamiento? Por el contrario, la parábola o alegoría aclara el pensamiento a la mente pensante, pero sólo tras un cierto esfuerzo de reflexión.

Llame a la masonería, entonces, una filosofía, una ciencia, un arte, o incluso una religión si lo desea, pero mantenga la idea de un sistema de instrucción moral jeroglífica enseñada por tipos, emblemas y figuras alegóricas. En este sentido, la masonería es realmente antigua, y podemos rastrear cuatro ideas en este peculiar sistema a través de muchas épocas. Estas cuatro ideas principales podrían incluso denominarse Landmarks. Son: la creencia en un Dios único, la enseñanza de la Inmortalidad, la idea simbólica de la construcción y la búsqueda de algo que se había perdido.

Encontramos estas características en la masonería de la época de los antiguos egipcios en los misterios de Osiris, donde se dice que Moisés fue iniciado en los ritos solemnes que precedieron al retorno del pueblo elegido de Dios; en los antiguos misterios persas de Mitra, donde encontramos rastros de una concepción inusualmente clara de una vida después de la muerte; y en Siria donde encontramos los misterios dionisíacos que vinieron de Grecia y probablemente fueron llevados por los obreros de Tiro a Jerusalén cuando se construyó el templo de Salomón en el monte Moriah. También encontramos estas cuatro características en los misterios de Baco en la Roma primitiva; más tarde en los Colegios Romanos de Constructores; y en las enseñanzas de los pacíficos esenios a lo largo del Jordán, donde algunas autoridades conjeturan que Jesús fue iniciado antes del comienzo de su ministerio. En la Edad Media encontramos este sistema moral jeroglífico enseñado por tipos, emblemas y alegorías, entre los constructores de catedrales; en la Edad Oscura, lo encontramos entre los Maestros Comacinos en la pequeña isla del Lago Como; y podemos rastrearlo a través de los gremios de masones viajeros, hasta la masonería especulativa de 1717, que sustancialmente enseñamos hoy.

Nuestros amigos iconoclastas, que se interesan por la historia de la fraternidad, pueden sonreír ante el sueño de un simbolista, pero tengan en cuenta que no estamos hablando de la fraternidad cuando utilizamos la palabra masonería; estamos hablando de ese sistema jeroglífico y moral enseñado de acuerdo con las costumbres antiguas mediante tipos, emblemas y figuras alegóricas; y que tiene cuatro ideas principales: la creencia en un Dios, una vida después de la muerte, una idea simbólica de la construcción y la búsqueda de algo que se perdió. Es cierto que el estudiante cuidadoso encuentra nubes de oscuridad que ocultan ocasionalmente estas intenciones y propósitos reales.

A veces leemos que las ceremonias degeneran en comunes y vulgares, como en el caso de los misterios de Baco en Roma. Pero como el río oculto que desaparece bajo tierra, solo para fluir fresco y puro más adelante; así encontramos estas características fundamentales de la masonería ocasionalmente ocultas, pero que más tarde salen a la luz.

Se ha escrito mucho sobre estas cuatro características, especialmente sobre la creencia en un Dios único y sobre la idea de construcción. Analicemos también los temas de la inmortalidad y la búsqueda de algo que se perdió. Estos dos temas están tan estrechamente relacionados con las leyendas de Hiram y de la Palabra de Maestro en nuestra masonería de hoy, que puede ser bueno para nosotros ver qué significado tenían estos dos símbolos en la masonería de la Antigüedad.

En los antiguos misterios egipcios, Osiris representaba el espíritu del Sol, el principio de la luz y la vida. Fue asaltado por los poderes del mal y fue asesinado, y aparentemente las fuerzas de la oscuridad gobernaron. Isis salió a buscarlo, y Osiris fue resucitado y devuelto a la vida más tarde. Esta historia se representaba de forma dramática en los misterios egipcios. Los hechos están verificados por Plutarco, Platón, Epicteto y otros.

Sustancialmente la misma historia fue contada por Mitra en los antiguos Misterios Persas, de Dionisio en los Misterios Griegos y Sirios, y de Baco en los primeros ritos romanos. Todos fueron asesinados y luego buscados, y finalmente resucitados o devueltos a la vida. Una muerte y una vida después de la muerte ha sido una de las enseñanzas fundamentales de la masonería en todas las épocas. Estas antiguas ceremonias misteriosas han sido una expresión de esa idea de inmortalidad que parece estar siempre presente en el corazón del hombre desde la más remota antigüedad.

Los antiguos adoradores del sol veían que éste se retiraba en otoño y llegaba al solsticio de invierno. Si, como piensan algunos historiadores, el culto al sol tuvo su inicio en el lejano norte, el antiguo nórdico de las costas de los mares árticos experimentaba un largo período de noche durante el invierno. En primavera, vieron cómo los resplandecientes rayos del sol volvían a iluminar y calentar la tierra. La antigua leyenda decía que el sol fue asesinado y que durante el período de oscuridad, el sol estaba muerto; y que más tarde el sol, como en el caso de Osiris, Mitra y Dionisio, volvió a la vida y hubo luz y vida.

Se instituyeron ceremonias y la lección de una vida después de la muerte, fue enseñada por una representación dramática muy similar en carácter a la de la leyenda de Hiram hoy. En la leyenda de Hiram podemos encontrar la lección de la inmortalidad, y también una de las mayores tragedias jamás concebidas por el hombre. Edwin Booth, el famoso actor shakesperiano, se refirió a la leyenda de Hiram como la tragedia más sublime; y dijo que en su representación en una logia masónica, preferiría interpretar ese papel sin aplausos, que representar la mayor tragedia que Shakespeare haya escrito jamás. Podemos encontrar en el viaje de Hiram el símbolo del viaje del Hombre a través de la vida. En este viaje, el hombre se topa con numerosos obstáculos que pueden denominarse simbólicamente enemigos. Se puede considerar que le abordan desde los tres aspectos de su ser: el mental, el espiritual y el físico. Tres de estos enemigos son la ignorancia, la duda y los prejuicios.

El encuentro con la ignorancia puede considerarse simbólico del primer esfuerzo realizado por el hombre en su progreso. Tal vez el calibre de veinticuatro pulgadas, como arma utilizada por la ignorancia, sea simbólico de lo mental y de la idea de que el conocimiento que el hombre ya posee, es suficiente. A medida que avanza en su viaje en busca de más luz, se encuentra con la duda. El poco conocimiento que tiene el hombre puede limitarse a las cosas materiales, y hay dudas sobre las cosas que no son materiales. Tal vez la escuadra, simbólica de la tierra, pueda ser utilizada por la Duda e impedir una correcta comprensión de las grandes verdades eternas y espirituales por la confusión con las cosas terrenales. Si el hombre sigue avanzando, puede encontrarse con un tercer y más mortífero enemigo: el prejuicio, que a menudo lo mata y detiene su progreso. La palabra prejuicio procede del latín *Prae*, que significa antes, y *Judicium*, que significa juicio. El prejuicio es un juicio previo, al que se aferra incluso después de que se revelen hechos contrarios. Nuestros prejuicios, o juicios previos, proceden a menudo de las pasiones. El miedo, el odio, los celos y el amor pasional engendran prejuicios. Estas pasiones tienen su morada en lo físico.

Además de la lección universalmente enseñada de la inmortalidad, encontramos en la logia una continua admonición a buscar la Palabra de Maestro. Pero incluso después de haber completado los diversos grados, no encontramos la Palabra de Maestro. En el último grado de la Logia Azul, nos encontramos con que, como Maestros Masones, tendremos que contentarnos con un sustituto. A lo largo de los grados del Rito Escocés Antiguo y Aceptado, encontramos más indicaciones de esta búsqueda continua. Por fin, cuando un hermano es nombrado Príncipe Sublime del Secreto Real, sigue recibiendo la admonición de avanzar, progresar y buscar. «Debe avanzar y vencer en su corazón a esos viejos enemigos, la Ignorancia, la Duda y el Prejuicio, y buscar la Palabra de Maestro». Ese es el Secreto Real. En el grado del Arco Real, se nos dice que en un libro hay una clave de la Palabra de Maestro. La Palabra de Maestro no son unas sílabas sin sentido susurradas al oído, ni tampoco unos caracteres arbitrarios. Tampoco es el nombre del Gran Jehová, a menos que se considere en un sentido simbólico, como representación de la Verdad y la Perfección. La clave de la Palabra de Maestro está en el libro, que para nosotros es la Santa Biblia, la Gran Luz en la masonería. Allí encontraremos la clave de la Palabra de Maestro, pero no la Palabra de Maestro en sí.

¿Qué es esta Palabra de Maestro y por qué esta búsqueda continua? Encontramos en el servicio funerario masónico una alusión a un cierto «pase» por el que podemos obtener la entrada en la Gran Logia de arriba. ¿Qué concepto más elevado podríamos tener de la Palabra de Maestro, que el paso por el cual podemos encontrar la inmortalidad y la entrada en la Gran Logia de lo Alto? Se nos dice que este pase es, «el pase de una vida pura e irreprochable». El simbolismo es perfecto. Ahora sabemos por qué tendremos que contentarnos con un sustituto, porque en la tierra no alcanzaremos la Palabra de Maestro, «la vida pura e irreprochable.» Aprendemos que Moisés tenía la Palabra de este Maestro; su inspiración venía directamente de Dios mismo. Salomón tenía la Palabra de Maestro, hasta que hizo lo que era malo a los ojos del Señor, entonces perdió la Palabra de Maestro. Estaba enterrado entre la basura de su templo físico.

Pero puesto que no podemos alcanzar esta Palabra de Maestro, «la vida pura e irreprochable», ¿por qué se nos exhorta tan continuamente a buscarla? ¿Por qué buscar lo que no podemos encontrar? ¿Por qué esta búsqueda incesante e interminable de la perfección y la verdad, sólo para recibir un sucedáneo? Porque en la misma búsqueda de la Palabra de Maestro, «una vida pura e irreprochable», nos acercamos a ella. Como las agujas de las catedrales de la arquitectura gótica, que apuntan hacia arriba, aunque nunca alcanzan el cielo, descubrimos que, en nuestra búsqueda de la perfección, nos acercamos cada vez más a ella.

La búsqueda de la Palabra de Maestro, por lo tanto, es el verdadero propósito de la masonería: ese jeroglífico sistema moral de tipos, emblemas y alegorías. Debería ser el propósito y el objetivo de todo hermano verdadero y digno encontrar la Palabra de este Maestro. Con el pensamiento de la unidad de Dios, la esperanza de la inmortalidad y la búsqueda de la vida perfecta, construiremos un templo que será eterno. También ejerceremos esa caridad hacia las debilidades y defectos de los demás, que incumbe a todos los masones; y como se enseña en los Grados del Consejo de Maestros Reales y

Selectos, depositaremos en la bóveda secreta copias verdaderas o contrapartes de esos tesoros sagrados de la Misericordia, la Justicia y el Amor, que están en el Sanctum Sanctorum de arriba. Entonces, después de la destrucción de este templo, los tesoros o sus contrapartes se encontrarán en la construcción de un segundo templo no hecho con manos, sino eterno en los cielos, y allí encontraremos la verdadera Palabra de Maestro, «la vida pura e irreprochable», no aquí, sino en el más allá.

DELFOS

Ediciones de Sabiduría Ancestral

(editorialdelfos.com)

Biblioteca de la Tradición Hermética
Biblioteca Textos Fundamentales de la Humanidad
Biblioteca Mario Roso de Luna
Biblioteca Teosófica
Biblioteca de las Vías del Despertar
Biblioteca Templaria

DISEÑOS
DE EDIFICIOS

Por el Hno. Asahel W. Gage, Illinois

(Si nuestros lectores están familiarizados con *Peer Gynt*, de Ibsen, recordarán que el adorable *scapegrace* que es el héroe de ese drama es un hombre sin voluntad, aunque amable de corazón y lleno de sueños, y deja que su vida se desperdicie, como dijo el viejo Button-Maker, por falta de un diseño en su vida. Al no tener un propósito fijo, ni un programa de vida definido, siguió la voluntad de sus caprichos, fantasías y pasiones, que le llevaron a vagar y a cometer muchas penas y pecados. La masonería, como señala el Hermano Gage, ofrece a un hombre un plan o diseño de vida, mediante el cual puede organizar sus poderes y construirlos en esa cosa más grande del mundo: un carácter noble, fuerte y refinado; y son más los hombres que fracasan por falta de carácter que por falta de habilidad. El Editor).

Los designios que más interesan a todos son los de ese edificio espiritual, esa casa no hecha por manos humanas, eterna en los cielos. Lo que es esa casa, San Pablo lo indicó claramente cuando dijo: «¿No sabéis que sois el Templo de Dios?».

Cómo planear la erección de este templo, lo enseña la Biblia en su relato histórico de la erección del templo material. La vida se agrupa en tres divisiones generales: juventud, madurez y vejez. El desarrollo de la humanidad también puede dividirse en épocas simbólicas. Estas divisiones están tipificadas por los tres grupos de obreros empleados en la construcción del Templo de Salomón.

Los aprendices, o portadores de cargas, corresponden a la juventud, y simbolizan al hombre antes de convertirse en la criatura predominante. Toda su existencia fue una lucha contra la inclemencia de los elementos y la ferocidad de las bestias salvajes; cuando trabajaba y desarrollaba la fuerza, simbolizada por el martillo de Thor. Su mente no era la inteligencia compleja y altamente desarrollada que es ahora. Sólo conocía el esfuerzo simple y directo, simbolizado por la línea recta del calibre de veinticuatro pulgadas. Las herramientas de trabajo del aprendiz enseñan la necesidad de la franqueza de pensamiento y la fuerza de carácter.

Los compañeros de oficio, o *hewers*, corresponden a la virilidad, y simbolizan al hombre en la segunda etapa de desarrollo, cuando observa los procesos ordenados o geométricos de la naturaleza. Utiliza la plomada, la escuadra y el nivel como herramientas de trabajo. Experimenta, prueba y ensaya, y con la ayuda de sus herramientas de trabajo, símbolos de sus facultades, aprende a utilizar los materiales y las fuerzas que encuentra a su alrededor. La capacidad de trabajar con las herramientas de los compañeros hace la vida más fácil y segura y da la oportunidad de desarrollar las facultades superiores.

Los maestros, o jefes sobre la obra, corresponden a la vejez, al hombre desarrollado hasta convertirse en constructor, diseñador, creador, moldea toda la naturaleza en formas de su propio diseño. Cultiva el maíz de la calidad que desea, la naranja sin semilla y la rosa de un color a su gusto. Sus herramientas de trabajo son todos los utensilios, pero sobre todo la paleta, símbolo de cementar, de unir, de construir.

Las piedras que componen el templo son los pensamientos, las palabras y los hechos. El maestro, con la paleta del pensamiento constructivo, une estas piedras simbólicas en un templo de carácter. La Biblia enseña que estas piedras deben ser perfeccionadas en las canteras donde son labradas. No habrá herramientas para alterarlas después, pues ni martillo, ni hacha, ni ninguna herramienta de hierro, se oye en la casa mientras está en construcción. La necesidad de perfección de cada pensamiento, palabra y acto es, por tanto, evidente.

El relato bíblico de la construcción del Templo de Salomón es el simbolismo más perfecto. Al ser la Verdad, su aplicación es universal y las lecciones que se pueden aprender de ella sólo están limitadas por la capacidad de comprender sus enseñanzas. Los beneficios que recibimos sólo están limitados por la capacidad de aplicar las enseñanzas a los problemas de la vida.

LA PLOMADA

Por el Ven. Hno. F. Kuhn P. G. M., Missouri

"Así me lo mostró: y he aquí que el Señor estaba de pie sobre un muro hecho por una
plomada, con una plomada en la mano. Y el
Señor me dijo: Amós, ¿qué ves?
Y yo dije, una plomada. Entonces dijo el Señor: He aquí que yo pondré una plomada en
medio de mi pueblo Israel; no volveré a pasar
junto a él». (Amos, VII: 7-8)

El Grado de Compañero de Oficio trata de los intereses materiales de
la vida y de la naturaleza intelectual del hombre. Su objetivo es esti-
mular todos los incentivos para perseguir y alcanzar aquellas cosas
que contribuyen al bienestar y la comodidad del hombre en lo material y en su desarrollo y satisfacción mental. El Grado se dirige al
obrero de la arcilla, al hombre que se dedica a las ciencias complejas,
a las artes liberales y a la aplicación práctica de todos los conocimien-
tos científicos con fines útiles.

La lectura de las Escrituras para este grado es, a menudo, un enigma; y la única relación que esta lectura tiene con el grado para el masón medio, es la aparición de la palabra «Plomada», que de alguna
manera tiene algo que ver con la construcción de muros y edificios.
Para comprender esta lectura bíblica y sus relaciones con el grado de
Compañero de Oficio, es necesario conocer la historia y la aplicación de esta visión de Amós.

Amós vivió y enseñó en el año 787 a. C., durante el reinado de Jereboam II del Reino de Israel. El reinado de Jereboam se caracterizó
principalmente por la mera religión formal, la arrogante asunción
del poder, la cruel opresión para la acumulación de riqueza para sí
mismo y los nobles. Los pobres no podían obtener justicia en los tri-

bunales, y la justicia se convirtió en injusticia. Fue el reinado de un político típico y práctico que festejaba y engordaba a costa de los pobres y oprimidos. En este reino de riqueza y degradación de los pobres, Amós, el Reformador, se levantó y con ardiente elocuencia denunció las condiciones sociales existentes. Habla de sí mismo: «Yo no era profeta, ni hijo de profeta, sino pastor y aparador de sicomoros». Uno de los más hábiles comentaristas habla de él como sigue: «Amós fue el primer gran reformador social de la historia; fue el tribuno de los pobres y oprimidos. Los ricos, los gobernantes y las autoridades fueron objeto especial de sus ataques. Por ellos fue silenciado como agitador peligroso y desterrado del Reino».

Fue para corregir los abusos de las mismas cosas inculcadas en el Grado de Compañero de Oficio, que dejó a un lado su cayado de pastor para predicar la rectitud y la justicia. Se le podría llamar el profeta de la plomada. Escucha sus denuncias mientras aplica la plomada a los gobernantes.

> Ay de los que convierten el juicio en ajenjo,
> Y arrojar la justicia al suelo,
> Que odian al que reprende en la puerta,
> Y que aborrece a quien habla con rectitud.

> Por eso, porque pisoteáis a los débiles
> Y quitadle las exacciones del grano,
> Habéis construido casas de piedra labrada,
> Pero no habitaréis en ella;
> Encantadores viñedos te han plantado,
> Pero no beberéis el vino.

> Los que se acuestan en divanes de marfil,
> Y tumbarse en divanes,
> Y come corderos de los rebaños
> Y terneros de los establos,

Dibujan al son de la lira,

Como David, idean para sí instrumentos de canto,

Y beben tazones llenos de vino,

Y se ungen con el mejor aceite,

Pero no se afligen por la ruina de José.

No es de extrañar que fuera desterrado del país; la verdad dolía tanto en los siglos pasados como ahora. En su último esfuerzo por despertar al pueblo, recurrió a imágenes de palabras intensamente gráficas en forma de visiones. En la forma métrica son los siguientes:

Así me lo mostró el Señor,

Y, he aquí, estaba formando langostas,

Cuando la hierba de finales de primavera comenzó a salir.

Y cuando estaban acabando

De devorar la vegetación de la tierra, dije,

Oh Señor, Jehová, perdona, te lo ruego;

¿Cómo podrá Jacob mantenerse en pie, pues es pequeño?

Jehová se arrepintió de ello;

No será así, dijo Jehová.

Así me lo mostró el Señor,

Y, he aquí, él estaba dando órdenes

Para ejecutar juicio por fuego: el Señor Jehová.

Y devoró el gran abismo,

Y había comenzado a devorar la tierra labrada.

Entonces dije: Señor, Jehová, cesa mi oración;

¿Cómo podrá Jacob mantenerse en pie, pues es pequeño?

Jehová se arrepintió de ello;

Ni esto será, dijo Jehová.

Así me lo mostró el Señor,

Y, he aquí, el Señor estaba de pie

Junto a una pared, con una plomada en la mano.

Y Jehová me dijo,

¿Qué ves, Amós?

Y yo respondí: una plomada;
Entonces el Señor dijo, he aquí,
Estoy poniendo una plomada
En medio de mi pueblo Israel;
No volveré a pasar por delante de ellos.

Al situar las visiones de la plaga de langostas, de la sequía y de la plomada en su secuencia, se comprende fácilmente el significado de la última línea: «No volveré a pasar junto a ellos». La mano del Señor fue detenida en la primera y segunda visión por el orante y fiel Amós, y la venganza del Señor «Pasó de largo», pero en la visión de la plomada, Él estableció un estándar de medida que nunca puede ser cambiado. La plomada, símbolo de la rectitud y la justicia nacional e individual, permanecerá para siempre. «No volverá a pasar de largo». Perdurará y no podrá detenerse.

La tercera visión contiene la esencia misma de la verdadera valía y grandeza. La plomada es la prueba de los valores. Veinticuatro siglos antes de que naciera la masonería especulativa, este sencillo pastor sostenía en alto la plomada, cuyo significado simbólico era el mismo entonces que hoy: el estandarte de la rectitud, la justicia, la rectitud y la verdadera hombría.

Como tal, es uno de los símbolos más impresionantes de la masonería. Como tal, ocupa un lugar preeminente en el Grado de Compañero de Oficio; el símbolo por el que debe medirse el valor de los intereses materiales de la vida y por el que debe probarse el uso de la inteligencia del hombre. El simbolismo es tan sencillo, que no necesita ninguna filosofía profunda para desplegarlo, ni es necesario buscarlo a lo largo de «líneas geométricas». Es claro, sencillo y profundo.

No importa si el francmasón trabaja, como jornalero, en los terrenos arcillosos entre Succoth y Zaredetha, o se erige en exponente de las artes y ciencias liberales. No hay más que una norma para el Rey o el súbdito, rico o pobre, educado o ignorante. La línea de la rectitud moral debe aplicarse a todos los ámbitos de la vida.

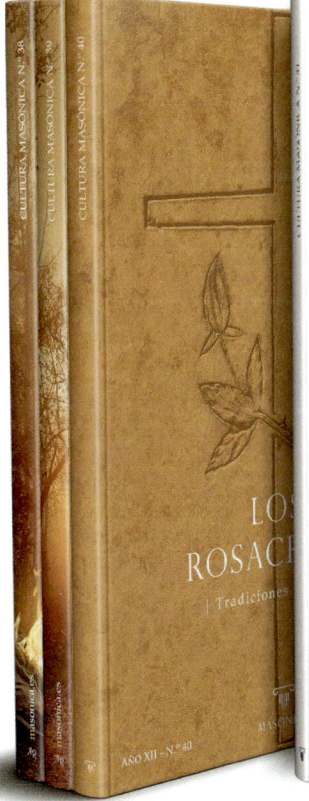

¿QUÉ ES LA MASONERÍA?

Hno. George Thornburgh
Editor de The Masonic Trowel, Arkansas

La masonería ESPECULATIVA o Simbólica ha sido apropiadamente definida como «un bello sistema de moralidad, velado en alegoría e ilustrado por símbolos.» Por Masonería Simbólica entendemos la realización del trabajo de un Masón Operativo de forma emblemática. Tomamos herramientas de un Operativo y las utilizamos como símbolos para imprimir lecciones de moralidad y virtud. Por ejemplo, el Masón Operativo lleva su mandil para proteger su ropa. Al masón especulativo se le enseña a llevar el suyo para recordarle que es un salvoconducto o una protección contra los vicios y las superfluidades de la vida. No debe permitir que se manche su carácter moral más que el Operativo su ropa. El Operativo trabaja según el diseño que le ha asignado el arquitecto del edificio. El Masón Especulativo toma como guía la voluntad revelada de Dios, el gran Arquitecto del cielo y de la tierra, y debe esforzarse por erigir su edificio espiritual en conformidad con ella. El Masón Operativo utiliza la regla de 24 pulgadas para disponer su obra. Los Masones Especulativos lo utilizan para dividir su tiempo, de modo que cada momento pueda emplearse provechosamente. El hombre no ha sido puesto en la tierra para ser indolente o inactivo. Tiene un destino que cumplir en el drama de la vida. La mente del hombre está constituida de tal manera que debe ser empleada.

La inactividad no es compatible con su naturaleza, y si no se emplea para el bien será para el mal. La industria es el mando de la masonería. La pereza es reprendida por la lección de la colmena y la necesidad de mejorar cada oportunidad nos es enseñada por el reloj de arena, que muestra lo rápido que estamos pasando.

A los masones se les enseña a dividir su tiempo de manera que tengan una parte para el culto a Dios y el alivio de la angustia, una parte para refrescarse y dormir, y una parte para los asuntos de la vida. Adorar es la disposición natural del hombre; adorar a Dios su deber más elevado. El único requisito religioso para ser admitido en la hermandad masónica es creer en Dios y en la inmortalidad del alma. Esta es una fe cardinal, la unidad de la Fraternidad, y el vínculo de fidelidad entre ellos. El hombre que sostiene que no hubo Espíritu Creador, que se moviera sobre el ancho imperio de la noche y el caos, y ninguna voz que dijera: «Hágase la luz», no es de fiar en los misterios de la masonería. La ley del país es la única que impide la inmoralidad. No tiene ningún supervisor que le obligue a cumplir sus votos o que le impida violar sus promesas. Pero el hombre que cree en Dios tiene un timón y un ancla. Puede vagar en la oscuridad temporalmente, las seducciones del vicio pueden desviarlo, pero su conciencia lo sigue a través de todo, y en la penumbra más oscura un ojo que todo lo ve está sobre él y una estrella lo ilumina de vuelta al camino de la rectitud y el deber. Es bueno que nadie pueda pasar el centro de una Logia de Aprendices que no declare voluntaria y plenamente que su confianza está en Dios.

El martillo es un instrumento utilizado por los albañiles para trabajar las piedras en bruto y prepararlas para el uso del constructor. La masonería simbólica lo utiliza para enseñar la importancia y la necesidad de despojar la mente y la conciencia de los vicios de la vida y de cultivar las cualidades más elevadas y nobles de nuestro ser. Las esquinas ásperas del vicio, la intemperancia y la blasfemia deben ser eliminadas para «encajarnos como piedras vivas para esa casa no hecha por manos humanas, eterna en los cielos».

El masón operativo hace un uso importante de la plomada, la escuadra y el nivel. Utiliza la plomada para mantener la perpendicularidad, el nivel para la horizontalidad y la escuadra para la forma.

Los masones especulativos enseñan lecciones impresionantes mediante el uso de estas herramientas como emblemas. La plomada nos exhorta a caminar erguidos. Caminar con rectitud ante Dios y los hombres es uno de los deberes más elevados de un masón, y quien lo haga no será un intolerante ni un perseguidor, sino que actuará con justicia y amará la misericordia. Por la escuadra se nos enseña a cuadrar nuestras acciones y nuestros tratos por la escuadra de la virtud y la moralidad. Mediante una fiel adhesión a sus preceptos morales, nuestras acciones y obras serán honorables, tanto si nos dedicamos a actividades elevadas como a actividades bajas.

El nivel nos enseña la gran lección de nuestra igualdad natural. El hombre no debe enorgullecerse de su nacimiento ni de su riqueza mundana. Poco importa haber nacido alto o bajo, si somos fieles a Dios, a nuestros semejantes y a nosotros mismos.

Llegará el día en que deberemos presentarnos ante nuestro Creador despojados de todo, salvo de aquello que nos dará derecho a pasar por el tribunal de un Dios omnisciente.

Quizá el símbolo más importante utilizado por el Oficio sea la paleta. La utilizan los albañiles para extender el cemento que une el edificio en una masa común. Lo utilizamos de forma emblemática para difundir el cemento del amor fraternal. La Orden está compuesta por todas las clases y condiciones de la vida, los altos, los bajos, los ricos, los pobres, desde Washington, el líder del ejército americano, hasta el soldado raso; desde Andrew Jackson, el presidente de una gran república, hasta el ciudadano más humilde; cada uno llevando a la Orden su individualidad, pero todos cimentados por la paleta de los masones en un solo espíritu. Todas las nacionalidades acuden, con su jerga peculiar, pero la masonería enseña a todos a hablar el mismo idioma mediante signos y símbolos. Los religiosos acuden a nosotros con sus doctrinas tan dispares, y la masonería les enseña a adorar juntos a un solo Dios vivo y verdadero.

La paleta masónica cimentó los elementos rotos de un pueblo antaño dividido en Estados Unidos. Apenas se había apagado el último sonido del mortal conflicto de 1861-65 en el dulce abrazo de la paz, cuando la voz fraternal de la masonería se oyó por todo el país llamando a los hermanos del Sur a unirse a los hermanos del Norte, apelando en el tierno lenguaje del amor fraternal a los masones de los campos de hielo de Maine y a los de los naranjales de Florida para que se saludaran como compañeros en el Gran Capítulo General de los Masones del Arco Real. La primera reunión de cualquier tipo entre los hombres de las dos secciones después del conflicto fue en este cuerpo; California, Maine y Luisiana formaron un triángulo de manos pacíficas, levantaron un arco viviente y susurraron el viejo amor en las almas de estos hombres que durante cuatro espantosos años se habían dedicado al fratricidio. Sea dicho al Honor de la masonería que el Gran Capítulo General nunca fue dividido, ni ninguna parte de él se separó. Mientras iglesias, sociedades y familias se partían en dos, y la furiosa pasión de la guerra cubría la tierra como una nube de destrucción, los masones del Sur estaban ocultos para los del Norte, pero no perdidos.

La guerra podía interponerse, pero no separarlos. El gran corazón masónico de las dos secciones latía al unísono, como se demostró en el campo de batalla, en el hospital y en la prisión. Y cuando la nube de ira desapareció y el sol de la paz esparció sus alegres rayos sobre el continente, las primeras palabras de reconciliación que cruzaron la línea de Mason y Dixon fueron las resoluciones del Gran Capítulo General invitando a sus hijos, tanto tiempo separados, a reunirse en torno al viejo altar familiar. Con una sola voz, y la voz de una madre cariñosa, dijo «Resuelto, que todos los Grandes Capítulos que no se han reunido como consecuencia de la reciente guerra son declarados en buen estado en este cuerpo, y con derecho a continuar sus relaciones con él. Y se les invita muy cordial y fraternalmente a unirse a nosotros, sin referencia a las diferencias pasadas, y se les asegura muy sinceramente que recibirán una bienvenida fraternal, cordial y del Arco Real».

Ese fue el trabajo de la paleta masónica, y el fruto de las enseñanzas de la Paternidad de Dios, y la hermandad del hombre. Y sin embargo, la masonería no es una iglesia. La iglesia y la masonería tienen sus benditas esferas, y entre ambas no hay conflicto ni debe haber prejuicios. La masonería no usurpa el cargo de la iglesia, y la iglesia -la iglesia protestante- no tiene celos de la masonería. Entre los mejores y más leales masones se encuentran los miles de destacados ministros del evangelio que han asumido los votos de la masonería y respaldan sus principios.

SÍMBOLO DE VIDA

Esta vieja tierra es una Gran Escuela del Alma, en la que hay una multitud de símbolos brillantes que nos entrenan para descubrir la belleza que nos rodea y la maravilla que llevamos dentro. Nada carece de valor para nuestra enseñanza, a menos que estemos dispuestos a cerrar los ojos y los oídos a su testimonio; nada es simplemente lo que parece. Conocemos a un nuevo amigo, oímos una canción beatífica, escuchamos un pájaro al amanecer, leemos un libro noble, contemplamos una escena encantadora de la tierra o del mar o del cielo, e inmediatamente estamos en presencia del Eterno. Siempre que se nos convoca así, si respondemos con el corazón, el velo se hace más fino, el símbolo más transparente. A menudo la vida es terrible y trágica, pero que no te engañen sus días oscuros; no habría sombra sin Luz. Si quieres encontrar a Dios en sus sombras, Dios te encontrará. La vida es un símbolo, y su misterio encierra el secreto de revelaciones desconocidas.

-Joseph Fort Newton

SIMBOLISMO
EN LA MITOLOGÍA

Por el Hno. C. T. Sego, Georgia

L A mayoría de niños llegan en algún momento a una edad en la que nada les gusta tanto como las historias de las hazañas exageradas de algún héroe lejano. Como Guillermo Tell, lanzan flechas desde las cabezas de sus hijos imaginarios; como Jack el Gigante Asesino, libran su guerra mímica contra enemigos más burdos; como Príncipes Encantadores, irrumpen en castillos encantados y besan los sueños de los ojos de la Bella Durmiente. Pero por muy reales que sean estos héroes para las mentes infantiles, el estudiante aprende que la madurez hace aún más reales a los personajes de los cuentos de su infancia. Guillermo Tell sigue teniendo una puntería infalible con sus flechas; Jack el Gigante Asesino sigue derrotando a sus enemigos; y la Bella Durmiente de la flor y el campo despierta cada año a una nueva vida bajo el ardiente beso vernal del príncipe personificado que brilla como una de las luces menores de la masonería. Muchos cuentos de hadas son el folclore de ayer, y este folclore era la filosofía y la religión altamente simbólicas de los antiguos. Las mentes de los hombres en general no captan fácilmente una abstracción. Esa es una de las razones por las que utilizamos símbolos. No aclamamos las chimeneas, los hogares y los campos; ni los pensamientos, las esperanzas y las aspiraciones; aclamamos la bandera que simboliza todas esas cosas. Cuando en Nueva York y San Francisco sólo queden las ruinas de una antigua civilización, los arqueólogos asiáticos descubrirán imágenes y estatuas del Tío Sam y creerán que los estadounidenses de hoy adoramos al Tío Sam como a nuestro dios tutelar, nuestro santo patrón, y que le rezamos para que nos ayude en tiempos de necesidad.

Existe una necesidad psicológica de símbolos, una demanda real de historias, que el hombre siempre ha suplido. A lo largo de los siglos, estas historias se convirtieron en leyendas y cuentos de hadas. Cuando se emplean sólo con fines de pasatiempo, estas historias se corrompen al recitarlas y cambian hasta resultar casi irreconocibles. La historia de la Bella Durmiente lo ilustra. No se reconoce al principio en la princesa dormida la gloria de la flor primaveral y la promesa del fruto otoñal. Igual de cambiado está el príncipe, en realidad el sol, que rompe los muros de confinamiento de la fría tierra del invierno y reclama a su prometida.

Pero cuando estas leyendas no se cuentan sólo para divertir, sino para asegurar un resultado definitivo, entonces sus enseñanzas nunca cambian. El efecto debe conseguirse siempre, y sólo puede conseguirse siguiendo la fórmula prescrita. Así que la leyenda del tercer grado, introducida en nuestro cuerpo no sé cuándo, es la misma hoy que cuando la aprendimos por primera vez. Los Misterios Antiguos tenían muchas cosas similares a nuestras enseñanzas y la mitología clásica personificaba pensamientos que son eternos.

La Bella Durmiente se queda dormida tras haber recibido el pinchazo de una rueca. En la mitología griega, la rueca es un diente de jabalí. La leyenda cuenta que Adonis, mientras cazaba, fue asesinado por un jabalí salvaje. Tras la muerte de Adonis, su alma fue al Hades, que aquí no es más que un inframundo, un lugar de penumbra y no un lugar de tormento. Pero la diosa del amor descendió al Hades y convenció a Proserpina, su dueña, para que permitiera a Adonis regresar a la tierra durante cierto tiempo cada año. Esta historia se comprende mejor que el cuento de la Bella Durmiente. El joven Adonis es el espíritu vegetativo de la naturaleza. El jabalí es invernal, duro, áspero y erizado. La diosa del amor es el calor de la primavera que hace que la vegetación abandone el Hades.

Estos retornos anuales de Adonis se convertían en ocasiones de mucha ceremonia simbólica. El dios fue llorado como un muerto; las mujeres iban lamentándose por las calles con total desprecio de su habitual cuidado por su atuendo. Las convenciones sociales ordinarias se rompían y entre los celebrantes reinaba una licencia sexual desenfrenada. Más tarde, la fiesta se dedicó sobre todo a las cortesanas. Pues en esta celebración, como en muchas otras, con el tiempo se introdujo más o menos el culto fálico. La granada era venerada como símbolo de abundancia, al igual que el maíz. Enormes imágenes de los órganos generadores masculinos se llevaban en procesiones públicas y se erigían y veneraban como sobrehumanos. Nuestro palo de mayo es una supervivencia de aquellos días, y nuestra arquitectura está llena de muchos recordatorios similares.

Adonis es la forma griega de la palabra hebrea Adonai, que significa Señor. En Babilonia, Fenicia y Canaán, Adonis era conocido como Tammuz. Ezequiel, el profeta, reprocha a las mujeres hebreas que se entreguen a la celebración de la que acabo de hablar. El nombre del dios se fija hoy en el mes judío de Tamuz. Tammuz o Adonis se identificó posteriormente con el Osiris egipcio del que hablaré más adelante. El culto a Dioniso, o Baco, u Orfeo, era de naturaleza parecida al de Adonis con la diferencia de que es la esposa de Orfeo, Eurídice, quien muere y Orfeo quien desciende al Hades en su busca. Mediante la magia de su música, Orfeo induce a Hades a consentir que Eurídice regrese a la tierra si Orfeo no mira hacia atrás. Pero el ansia de Orfeo por ver a su esposa le hace romper su promesa y mira hacia atrás sólo para ver a Eurídice regresar al Hades justo cuando había llegado a su salida. La misma enseñanza se da aquí. Eurídice es flores y vegetación; Hades es la muerte del invierno; y el laúd de Orfeo es la música mágica del sol primaveral a cuyo atractivo nada puede resistirse. La historia es una mirada más allá de la muerte, hacia la resurrección y la vida eterna.

Asimismo, la Perséfone griega que juega con las flores es sorprendida por Plutón y llevada a las regiones infernales. Ceres, la madre de Perséfone, la busca hasta que la encuentra con la ayuda de Helios (sol) que todo lo ve. Ceres pide la ayuda de los otros dioses, y después de toda su persuasión Plutón consiente en que Perséfone permanezca en la tierra una parte del año, y con él en el Hades el resto. También aquí se repiten anualmente la muerte, la búsqueda y la resurrección.

Estos mitos no se limitaban a Asia y el sur de Europa. De una forma u otra, se han encontrado en todo el mundo. Basta un ejemplo. En la mitología escandinava, Balder el Hermoso es el dios de la primavera, la luz y la alegría. El ciego Hoder, su opuesto, es el dios del invierno oscuro y sombrío. Loki, el travieso, inspira a Hoder para que lance a Balder un dardo de muérdago, una planta invernal. Balder cae muerto, pero se le promete que volverá y traerá consigo la primavera perpetua.

Para el masón, sin embargo, los relatos mitológicos más interesantes proceden del antiguo Egipto. Allí Osiris, hijo de la tierra y el cielo, hermano y esposo de Isis, se identificó muy pronto con el sol poniente y se convirtió en el dios de los muertos. Osiris viajó por muchos países extranjeros difundiendo la luz de la civilización. Su malvado hermano, Set, dios del desierto, del mal y de la oscuridad, planeó acabar con la vida de Osiris. Así que Set hizo un cofre del tamaño exacto de Osiris y se ofreció a dar el cofre a quien le cupiera. Cuando Osiris entró en el cofre, Set y sus confederados cerraron la tapa y arrojaron el cofre al Nilo, en cuyas aguas fue llevado hasta el mar. El cofre llegó a la costa fenicia a la deriva y se incrustó en el tronco de un gran árbol que acabó por encerrarlo. El rey del país, ignorante de este hecho, hizo cortar el árbol y lo convirtió en pilares para su casa. Pero tras una larga búsqueda, Isis encontró el cofre en el pilar, obtuvo permiso del rey para sacarlo y llevó el cuerpo a Egipto. Tras enterrar el cadáver fue a visitar a su hijo Horus, el sol naciente, el Osiris resucitado. Mientras ella estaba fuera, Set encontró el cuerpo, lo hizo pedazos y los esparció por todas partes. Isis buscó de nuevo el cuerpo, y encontró y enterró sus partes esparcidas. Horus, sin embargo, no se lamentó, sino que se levantó y se vengó de los asesinos de su padre.

En esta leyenda encontramos a Osiris haciendo el bien en el mundo. Le asesinan y ocultan su cadáver. Hay luto y se busca su cadáver. El cuerpo es encontrado, levantado y llevado a Egipto para un entierro más decente; y los asesinos son detenidos y castigados por Horus, el dios que se eleva en el este para abrir y gobernar el día. Cada noche se comete el asesinato; cada noche el cuerpo de Osiris, el sol poniente, es cortado en fragmentos, o estrellas, y estas estrellas o fragmentos de Osiris, esparcidos a los cuatro cuartos del cielo. Cada mañana, Isis recoge los fragmentos y se elevan como Horus, el sol de la mañana, o la resurrección de Osiris.

Hay quienes pretenden ver todo esto en nuestro poderoso drama. Los doce compañeros son los doce signos del zodíaco que el sol ocupa durante las doce partes del año. Los tres compañeros son los tres meses de invierno. Caídos y crueles levantan sus impías manos para destruir toda la belleza de la primavera, la promesa del verano y el fruto del otoño. Entonces se detiene toda la obra constructiva de la creación, pues no hay ningún organismo activo que conozca los designios de la naturaleza. Los principios vegetativos de la naturaleza no pueden ser resucitados por el frío de la nieve o la férrea mirada de las estrellas; su agarre es demasiado inseguro. Ningún movimiento en la tierra muerta responde a los esfuerzos semejantes de la luna pálida; sus fuerzas son demasiado débiles. Sólo cuando el señor del día llega con el calor vernal de su amor, los misterios de la vida vencen a las ataduras de la muerte, y el follaje, las flores y los frutos cobran vida gracias a la fuerza más poderosa de la naturaleza.

Este capricho puede gustar a quienes les guste. No pasa nada por creerlo. Pero estoy pensando que aquí hay algo oculto, igual que había algo oculto en los Antiguos Misterios. Los desinformados y los irreflexivos y descuidados encontraban y siguen encontrando amplia satisfacción en la enseñanza aparente y externa de estas escuelas. Poco pensaron y poco piensan que estas enseñanzas son sistemas de moralidad cuidadosamente ordenados y velados en alegoría, y que el propósito de todo ello es capacitar a aquellos que están debida y verdaderamente preparados, dignos y bien calificados, para avanzar, por su propia voluntad, por su propia voluntad y acuerdo, sin sumisión pasiva por una parte ni dominación represiva por la otra, hacia un estado de verdadera maestría, un estado de unidad consciente con las poderosas fuerzas constructivas del Gran Arquitecto del Universo. Y cuando se alcance este estado, entonces todas las cosas se verán en su verdadera perspectiva; muchas cosas que ahora se consideran en primer lugar se considerarán en último lugar; lo pequeño se magnificará y lo grande se reducirá; y esta vida no parecerá un fin en sí misma, sino simplemente una parte de la vida del alma inmortal del hombre.

DESPUÉS DE LA MUERTE
¿VOLVEREMOS A VIVIR?

Por el Hno. R. I. Clegg, Cleveland, Ohio

DICE el Hermano Fennell, en el número de julio, «Mi mayor interés se ha centrado en el problema de demostrar la vida futura...» ¿Cómo se puede demostrar? No totalmente por el siempre verde monitorial. Ese, obviamente, está mal llamado. Tampoco por la acacia.

Estos no son más que símbolos transitorios. Son más bien recordatorios que pruebas irrefragables y concluyentes. Testimonio contributivo y tal vez presuntivo, es cierto, pero principalmente sugestivo, no absolutamente convincente para el antagonista entre los escépticos, no del todo satisfactorio para el crítico amigo. El árbol de hoja perenne se marchita al acercarse el calor y se desintegra en polvo elemental al contacto de una simple cerilla encendida. ¡Cuán ilusorio es a simple vista si lo medimos así como cimiento firme de nuestra fe!

¿Cómo responderemos entonces los francmasones de nuestra confianza en la vida eterna? Podemos mirar hacia la Gran Luz. ¿Hay algo más? Humildemente ofrezco algunos comentarios crudos en respuesta.

Primero, la fe: La naturaleza nos habla de simetría y orden, tal y como se nos enseña como Compañeros. El orden es indicativo de propósito. En eso percibimos el diseño. Más allá del arte del Constructor, reconocemos y reverenciamos al Sublime Arquitecto del Universo.

Incompletas son nuestras vidas. Las recompensas y los castigos son variados y misteriosos, y para nuestra vista defectuosa están mal combinados y se aplican de forma desigual.

Viendo aquí tanto de lo incumplido debemos contritamente, en oración y expectantes sostener con humildad como niños pequeños la mano de Él nuestro Padre cuando de ahí vamos a la oscuridad.

En segundo lugar, la Esperanza Universal: Qué hermoso Robert Ingersoll expresó con elocuencia el ardor insaciable de los hombres, incluso de los agnósticos, por encontrar consuelo en este problema. El luchador más brillante contra la fe religiosa no podía sino dudar de sus propias conclusiones al contemplar el misterio de la tumba. La muerte, decía, puede no ser más que el cierre para siempre de una puerta o el despliegue de los alerones para la huida, y terrible era el dilema de Ingersoll cuando se quedaba sin la carta de la religión o la luz faro de sus convicciones.

Mientras que en todo el mundo los hombres de todas las lenguas en todas las épocas, sabios y simples por igual, han considerado esta creencia en la inmortalidad como al menos una probabilidad, y la mayoría de los hombres la han admitido como una certeza, bien podemos preguntarnos por qué esta convicción tan fundamental y generalmente aceptada no debe ser clasificada con los axiomas de los geómetras. Seguramente más que esperanzadora es la lección de esta aceptación mundial y mundialmente antigua.

Tercero, por analogía: La fuerza es eterna hasta donde alcanza la investigación. La conservación de la energía es un principio aceptado tanto por ateos como por fieles de todo el mundo. Para el físico, la materia no desaparece, sino que tiene formas proteicas. Los cambios y fenómenos de la naturaleza fluyen y refluyen constantemente como un mar inquieto. La marea sube y vuelve a la orilla. Hacia el cielo se elevan las aguas evaporadas del océano para caer una vez más como lluvia sobre la tierra, o como el brillante rocío nacarado sobre las flores de la tierra; o tal vez las gotas unidas caen alegremente por la ladera de la montaña y el delgado arroyo se precipita bulliciosamente o fluye tranquilamente a lo largo de suaves laderas o salta sobre el borde del Niágara de vuelta al seno de las aguas profundas de donde surgió por primera vez.

En la tierra que espera, cae la semilla. Nace una planta diminuta. Crece y florece. Al instante reaparece la semilla. Esparcida por los vientos vagabundos o por la mano laboriosa del hombre, la semilla vuelve a ser confiada a la tierra fecunda. Una y otra vez vive la incesante sucesión de ciclos.

Así transcurre por todas partes la ajetreada ronda de la Naturaleza. Como del cuerpo es razonablemente la evolución del alma. ¿No podemos creer, en consecuencia, por mera analogía, que las grandes plantas, ramitas y árboles de la humanidad, jóvenes y doncellas, hombres y mujeres, pueden anticipar que a su debido tiempo llegarán precisamente esas renovadas oportunidades para el servicio de nuestro Dios?

Y por último, por nuestro conocimiento maduro: De niños tenemos pocos datos. No están relacionados. No las vemos en absoluto en comparación precisa y exacta con otras verdades que sólo la experiencia más amplia nos revela. Cuando envejecemos notamos una coherencia donde antes no había más que eslabones dispersos y rotos. El universo se convierte entonces para nosotros en una verdadera unidad.

¿Existe un movimiento aparentemente irregular de una estrella? La ciencia acoge los secretos, pero aborrece los misterios. Un astrofísico a su debido tiempo se atreve a indagar con medios mentales en la oscuridad. Ubica y evalúa la fuente de la conmoción aunque no ve ni siente, salvo con el ojo y la mano de la fe fundada en la certeza de que en todas partes hay una ley operativa. Más tarde, cuando el mecánico mejora su práctica en óptica, el astrónomo ve más lejos que antes en los cielos y anuncia el elemento perturbador como una estrella hasta ahora por descubrir. También en química, Mendelief razonó su ley de la periodicidad de los elementos. Helmholtz también vio la relación entre tono y sobretono.

Por lo tanto, esta relación coherente de la Naturaleza, esta sugerencia por todas partes de que el presente no es más que una promesa, que el capullo es sólo la flor sin abrir, da un conocimiento cada
vez más profundo de que una creencia inteligente y totalmente justi-
ficable es la de la inmortalidad. O seguramente seremos menos que
las bestias y las hierbas del campo en la economía y la sistematización
y la intención del mundo.

A partir de hechos aislados, los científicos desentierran y captan la
ley general. ¿Es una medida de oxígeno de un peso atómico específi-
co? En el juicio se encuentra en consecuencia y dice, Sí. Repite el ex-
perimento. De nuevo obtiene las mismas pruebas. El hecho
particular se convierte con cada repetición en la prueba enfatizada de
una ley universal. Toda verdad no es más que estas uniformidades
relacionadas. Desde ellos miramos con confianza hacia el futuro. La
inmortalidad es el hecho que satisface científicamente.

He aquí, brevemente y en parte, las rocas reposadas sobre las que
al menos un masón construye su esperanza de reunirse con aquellos
a quienes amó y que se han ido antes.

QUÉ ES UN MAESTRO

Por el Hno. S. W. Williams G. H. P., Tennessee

¿QUÉ ES UN MAESTRO y qué significa? Un MAESTRO, en el sentido más elevado y verdadero, es aquel que ha escalado el escabroso Sendero de la Vida; que, despojándose de la escoria, ha aligerado tanto su carga que puede elevarse hacia la Luz verdadera y pura que emana de la presencia de DIOS.

Aquel que ha vencido a sí mismo y dedica su vida a ayudar y elevar a sus semejantes; que ha purificado su corazón, su mente y su alma venciendo las partes más bajas de su naturaleza, y ha dedicado sus pasiones a ser usadas únicamente para la gloria y el honor de Dios; aquel que está siempre listo y dispuesto, en todo momento y bajo todas las condiciones, a sacrificar sus propias esperanzas, deseos y anhelos, si con ello puede servir a un Hermano afligido.

Uno que, a pesar de las burlas y mofas del pueblo, como el Águila fijará su mirada en el Sol, y se elevará más y más a través del laberinto de dificultades que le acosarán, hasta que caiga postrado a los pies del Padre, sólo para ser «Elevado» en un éxtasis de Luz.

Para ser un MAESTRO, uno debe «Pasar» a través del «valle de la Sombra» y ser capaz de elevarse a través de las Estrellas, siempre listo y dispuesto a volver al asqueroso y escaldante fango de la Muerte misma para echar una Mano Amiga.

Para ser un MAESTRO uno debe acerar su corazón y su mente contra las tentaciones y locuras de esta vida y CONFIAR EN DIOS - incluso como un Niño se aferra y se aferra a su madre- debe tener «Fe en Dios, Esperanza en una bendita Inmortalidad, y Caridad por toda la humanidad», debe «Amar a los que odian, y orar por los que lo usan despectivamente».

Puede que se burlen y se mofen de él, lo maltraten, lo calumnien y lo injurien, pero Dios le dará un halo, un aura, si se quiere, y miles de personas se levantarán para «tocar el borde de su manto» y ser curadas por su gran fuerza, que es sólo la que el Padre le ha dado.

Los pobres, los enfermos y los que sufren lo amarán... sí, lo apreciarán, porque ha sido muy bueno con ellos; ha simpatizado con ellos en sus penas y se ha regocijado con ellos en sus alegrías; les ha susurrado palabras de aliento que les han hecho más fácil escalar el escabroso Sendero de la Vida; ha traído sol, y alegría y felicidad donde antes todo era oscuridad, desaliento y angustia.

TAL ES UN MAESTRO, que ha ENCONTRADO LA VERDADERA PALABRA, la PALABRA QUE SE PERDIÓ.

«Sed fieles hasta la muerte, y os daré una Corona de Vida».

ECLESIASTÉS XII

Recuerda a tu Creador
Mientras el pulso de la juventud late alto,
Mientras que los días malos no vienen,
Ni se acercan los años cansados,
Cuando el hombre no encuentra placer
En las cosas huecas de la tierra,
Y el corazón se vuelve enfermo y triste
Del sonido estridente de la alegría.
Antes de que se oscurezca la luz de las estrellas,
Antes de que el glorioso sol se oscurezca,
Y el amargo sudor de la pena
Se está llenando hasta los topes;
Cuando la canción del molinillo está baja,
Y vienen las plañideras
Marchando en la procesión de la muerte,
Como el hombre va a su casa.

Antes de que se rompa el cuenco de oro,
O el cordón de plata desenrollado,
El cántaro se rompió en el pozo,
Que se encuentre la rueda rota.
En los días en que tiemblan los guardianes,
Y los hombres fuertes doblan la rodilla,
Entonces volverá el polvo al polvo,
Y a Dios huye el espíritu.

-Hno. O. B. Slane

MASONERÍA
EN «EL TEMPLO DEL CIELO»

Por el Hno. Charles S. Lobingier, Shanghai, China

(Por amabilidad del Hermano Lobingier presentamos aquí una parte de un informe hecho por él al Consejo Supremo del Rito Escocés, en su Jurisdicción del Sur, recordando cómo, el 13 de mayo de 1915, comunicó los grados del Rito, del 4º al 32º, a los siguientes candidatos de los cuerpos de Shangai: Chow Tze Chi, de la Logia Federal No. 1, Washington, D. C.; Pacnan Mienseng Whang, de la Logia Washington N.º 21, Nueva York; y Walter Alexander Adams, de la Logia Recuperación N.º 33, Greenville, S. C. Esta ceremonia tuvo lugar en el famoso Templo del Cielo, Pekín, China -descrito más abajo- por la razón de que el Hermano Lobingier, de la Logia Washington N.º 21, Nueva York; y Walter Alexander Adams, de la Logia Recuperación N.º 33, Greenville, S. C. Esta ceremonia tuvo lugar en el famoso Templo del Cielo, Pekín, China -descrito más adelante- por la razón de que el Hermano Chow, siendo miembro del gabinete del Presidente Yuan, y estando inusualmente ocupado con las difíciles experiencias diplomáticas con Japón, no podía salir de la capital para ningún propósito, ni, por supuesto, podía hacerlo su secretario, el Hermano Whang. Estaban muy ansiosos por recibir los grados, y al Rito le parecía muy importante que sus deseos fueran satisfechos. De ahí la comunicación de los títulos en Pekín, de la que sigue un relato muy interesante. El Editor).

A mi petición, comunicada a través de Hno. Chow, el gobierno chino puso a nuestra disposición para las ceremonias del día, uno de los edificios del extenso recinto de la ciudad del sur conocido como el «Templo del Cielo». Algunas descripciones de estos famosos edificios realizadas por destacados escritores sobre China le permitirán apreciar mejor lo que significó esta concesión desde el punto de vista chino:

> Dentro de las puertas de la división sur (Ciudad China) de la capital», dice el Dr. Martin, (1) «y rodeado por la arboleda sagrada tan extensa que el silencio de su profunda sombra nunca es roto por los ruidos del ajetreado mundo, se alza el Templo del Cielo. Consta de una sola torre, cuyo alicatado, de resplandeciente azur, pretende representar la forma y el color de la bóveda aérea. No contiene ninguna imagen y los ritos solemnes no se celebran dentro de la torre, sino en un altar de mármol que se alza ante ella.

S. Wells Williams (2) lo describe así: «Separado del Altar del Cielo por un muro bajo, hay una construcción más pequeña, aunque más llamativa, llamada Kihuh Tan o 'Altar de la Oración por el Grano'. * Sobre su terraza superior se alza un magnífico edificio circular de tres tejados, conocido por los extranjeros como el «Templo del Cielo». No es exagerado decir que este templo es el edificio más notable de la capital o del imperio. El nombre nativo es Ki-Pien Tien o Templo de la Oración por el Año».

El edificio reservado para nuestro uso era uno casi igual de sagrado, conocido como el «Templo de la Túnica del Emperador», «de forma y color exquisitos, se utilizaban los mismos maravillosos azulejos azules». Desde este templo llega al gran altar de sacrificios al aire libre». (3)

Este edificio estaba casi tan bien adaptado a nuestros propósitos como si se hubiera construido expresamente para una sala de logia. Ya contaba con un altar y el trono elevado en la parte trasera, frente a la entrada, ofrecía un «magnífico Oriente». La luz no era especialmente buena, pero nuestros candidatos chinos trajeron candelabros de plata que proporcionaban iluminación suficiente. En consonancia con el carácter internacional y el espíritu de la ocasión, las puertas y escalinatas del templo se cubrieron con banderas estadounidenses y chinas.

La bandera de cinco colores de China, aunque sólo se utiliza como tal desde la inauguración de la república, es en realidad la encarnación de una parte de la simbología china en la que el número cinco, al igual que el número tres, ocupa un lugar destacado.

El Templo de la Túnica es una estructura muy interesante en sí misma, pero su carácter sagrado se debe a su proximidad y conexión con el famoso Altar del Cielo, frente al que se encuentra. A este respecto, el Sr. Williams (4) observa:

> El gran Altar Sur, la más importante de las estructuras religiosas chinas, es una hermosa terraza circular triple de mármol blanco cuya base mide 210, el medio 150 y la parte superior 90 pies de ancho, cada terraza rodeada por una balaustrada ricamente tallada.

Liddell (5) lo llama «* * * el ejemplo de arquitectura más bello e impresionante que existe».

Pero la descripción más elogiosa procede de la pluma del Dr. Martin, el veterano misionero:

> Este es el lugar más elevado de la devoción china», dice, (6) «y el visitante reflexivo siente que debe pisar sus atrios con pies descalzos». * * *
>
> El Dr. Legge, distinguido traductor de los clásicos chinos, de visita en Pekín, se quitó los zapatos de los pies antes de subir los escalones del gran altar. * * *
>
> Porque aquí no hay idolatría vulgar; esta cima de montaña aún se alza sobre las olas de la corrupción y en este altar solitario descansa un tenue rayo de la fe primigenia. * * *
>
> La tablilla, que representa a la Deidad invisible, lleva inscrito el nombre de Shang Ti, el Gobernante Supremo, y al contemplar la majestad del imperio postrado ante ella, mientras asciende el humo de su sacrificio ardiente, nuestros pensamientos se retrotraen irresistiblemente a la época en que el Rey de Salem oficiaba como 'Sacerdote del Dios Altísimo'.

Fue en este entorno, cargado de antigüedad y con el aroma de la piedad de innumerables generaciones, donde los chinos de Pekín conocieron por primera vez la filosofía del Rito Escocés.

Recuerdo que en 1899 el Gran Consejo General de Maestros Reales y Selectos se reunió en Colorado y mientras estuvo allí mejoró sus oportunidades y sorprendió al mundo masónico confiriendo una parte de sus grados en la cumbre del Pico de Pike y el resto en la famosa Cueva de los Vientos cerca de Manitou. Estas maravillas de la Naturaleza ofrecían sin duda un fondo imponente para sus ceremonias, pero creo que estarán de acuerdo conmigo en que no lo eran más que el entorno con el que tan afortunadamente contábamos.

Por supuesto, era imposible otorgar los títulos completos con sólo dos asistentes, uno de los cuales se detuvo en el 18º. Por lo tanto, a modo de introducción, otorgamos el 4º de forma abreviada, actuando el Dr. Anhaeusser como maestro de ceremonias. Luego, a modo de preparación para el resto, leí a los candidatos una discurso compuesto por aquellos pasajes de *Moral y Dogma*, *Ritual y Liturgia*, que tratan sobre los sabios y la filosofía de China. Es realmente sorprendente para quien no lo haya probado, saber cuán considerables son estos pasajes y cuán fielmente reflejan el pensamiento de esta antigua tierra: ¡otra prueba de la amplia erudición y el profundo saber de su distinguido autor!

Cuando San Pablo pronunció en la Acrópolis su famoso discurso (7) por el que introdujo entre los cultos atenienses la extraña fe procedente de Palestina, procuró sabiamente interesar a sus oyentes citando a «algunos también de vuestros propios poetas». Por ello, al presentar esta nueva filosofía de Occidente en la capital de la soberanía más antigua del planeta, parecía apropiado hacer especial hincapié en la medida en que dicha filosofía se había inspirado en los sabios y pensadores de China.

Las ceremonias del día 32 no concluyeron hasta bien entrada la noche y apenas hubo tiempo de regresar al hotel y vestirse para la cena que el ministro Chow ofrecía en su casa en honor del evento y a la que estaban invitados no sólo los participantes sino otros amigos masones, chinos y extranjeros. Fue un acontecimiento memorable y muy agradable. Su carta del 13 de mayo fue leída y recibida con un caluroso aplauso y el sentimiento unánime de la compañía fue que los masones de Pekín, de los cuales hay muchos, deben proceder a organizarse inmediatamente. La Gran Logia de Massachusetts (de la que China es un distrito masónico) ya tiene ante sí una petición de dispensa para abrir una Logia Internacional en esa ciudad, y el sentimiento era que el siguiente paso debía ser la organización de una Logia de Perfección. Creo que el campo allí está preparado para nuestro Rito y que las posibilidades son casi ilimitadas. La nueva China ha entrado en la familia de las naciones; sus dirigentes necesitan nuestros principios y se sienten atraídos por ellos de forma natural. Que no desaprovechemos una oportunidad tan grande.

(1) Lore of Cathay.
(2) El Reino Medio, 77.
(3) Liddell, China its Marvel and Mystery. (1909) 141.
(4) El Reino Medio, 76.
(5) China, su maravilla y su misterio, 141.
(6) Lore of Cathay.
(7) Hechos XVII, 22-31.

UNA HERRAMIENTA SIN USAR

Hoy en día, la masonería se encuentra en manos del hombre moderno en gran medida una herramienta sin utilizar, capaz de grandes logros para Dios, para el país, para la humanidad, pero haciendo muy poco. Por un lado, creo que las circunstancias pueden surgir fácilmente, cuando la más alta y sagrada de todas las libertades sea amenazada en esta tierra, la masonería puede ser su más poderosa defensora, unificando todas las mentes y comandando nuestra mejor ciudadanía.

REUNIRSE

Nos mezclamos de muchas tierras, marchamos muy lejos.
En los corazones y en los labios y en las manos están nuestros bastones y nuestras armas.
La luz con la que caminamos oscurece el sol, la luna y las estrellas.
No flamea ni mengua con los años y las esferas que ruedan.
Las tormentas no pueden sacudir ni manchar la fuerza que la hace entera.
El fuego que la moldea y la mueve del alma soberana

VERDADERAMENTE, en la masonería de Compañerismo tiene sus fuentes, y es uno de los objetivos de esta Sociedad, establecido desde el principio, «permitir a los Hermanos de una sección del país entrar en contacto con Hermanos igualmente interesados en otros lugares». En este sentido, estamos dispuestos a organizar un Círculo de Correspondencia entre nuestros miembros, al que todos están invitados a unirse, y tenemos razones para creer, a partir de las investigaciones que abordan este asunto, que muchos aprovecharán esta oportunidad para estrechar lazos. De hecho, las ventajas son casi ilimitadas, no sólo para la inspiración y la instrucción mutuas, sino también para el cultivo de amistades cálidas y duraderas - que, fuera del hogar y de la casa de Dios, no hay nada más justo ni más fino en esta vieja tierra.

Por eso, en nuestro último número pedimos a nuestros Socios que nos dijeran, con pocas o muchas palabras, qué aspecto de nuestra polifacética masonería les interesa más. Todo masón ama la masonería -es tan noble, tan hermosa, tan benigna, y nos ofrece un ideal de libertad, amistad y vida amable- pero la mayoría de nosotros confesará que algún aspecto de ella nos atrae más profundamente que otros; algún Rito, quizás, o algún Grado que vino a nosotros en una hora de escorrentía y nos ayudó a encontrarnos a nosotros mismos. Un hombre ama la masonería por su tolerancia religiosa, otro por su filosofía amplia y sabia, otro por su simbolismo sencillo y elocuente, y otro porque le ofrece un campo en el que servir a sus semejantes de forma práctica. Tales elecciones, hechas casi inconscientemente, son en gran medida cuestiones de gusto, temperamento y hábitos mentales, y la gloria de la masonería es que es lo suficientemente rica, profunda y amplia como para unir y exaltar a muchos hombres de muchas mentes.

Ahora se nos ocurre que, conociendo los principales puntos de interés en la masonería por parte de nuestros Miembros, podemos organizarlos en cuatro o cinco grupos -quizás más- según su interés e inclinación; y que los miembros de cada grupo estarían encantados de tener una lista de Hermanos tanto en su propia Jurisdicción como en otros lugares que estén igualmente interesados. De este modo, aunque estemos muy dispersos, podemos reunirnos en torno a la gran chimenea de la Casa de la Luz y debatir las cosas, estimulando una discusión franca y fraternal, al tiempo que fomentamos la buena camaradería, una simpatía más profunda y la comprensión mutua. Cuando la discusión sea lo suficientemente interesante y valiosa como para justificar su publicación, las páginas de *The Builder* estarán siempre a nuestra disposición, y vuestro editor la acogerá con sumo gusto. Cualquiera de nuestros miembros que esté dispuesto a permitir que sus nombres sean dados a otros Hermanos que hagan averiguaciones, o que tenga alguna sugerencia que ofrecer en cuanto a este plan de Reunirse, conferirá un favor haciéndoselo saber al Secretario en una fecha temprana.

Hermanos, vivimos días salvajes y desesperados en los que muchos lazos se están rompiendo o cortando, y el mundo parece hacerse pedazos en medio del choque y la tragedia de la guerra universal. Nos corresponde acercarnos unos a otros, y qué mejor lugar para hacerlo que la Casa de la Luz, en el Signo de la Escuadra y el Compás. Compañeros en una gran Causa, debemos pasar de los atrios exteriores al lugar secreto de la Fraternidad, buscando cada uno a su Hermano.

¿Qué es esto - la aspiración vaga
En mi alma hacia el bien desconocido,
Sin ningún fin egoísta
¿Bendiciones poco comprendidas?

Se acerca la Oración Mundial,
Reivindicación del bien universal,
Sus primeras débiles palabras suenan más claras,
 Justicia, Libertad, Hermandad.

GEORGE FRANKLIN FORT

Es un gran placer anunciar la próxima biografía del difunto Hermano George Franklin Fort, uno de los historiadores masónicos más brillantes, cuya obra, *Early History and Antiquities of Freemasonry*, se ha convertido en un clásico entre nosotros, tanto por su erudición como por su calidad literaria. El libro será escrito por el Sr. A. E. Bear, y contendrá, además del material biográfico no publicado hasta ahora, una serie de artículos del Hermano Fort sobre temas masónicos publicados localmente o en forma fugitiva. Este libro debería ser objeto de una amplia lectura entre los masones, no sólo porque se ha escrito poco o nada sobre el Hermano Fort, sino porque, como dijo el difunto Hermano Gould en su *Historia de la masonería*, fue uno de los mejores eruditos que ha conocido la masonería americana.

Vuestro editor confiesa tener un doble interés en esta biografía de próxima aparición, ya que es miembro de la familia Fort -como delata su segundo apellido- y un ferviente admirador de Fort como historiador masónico. Con el fin de difundir la noticia de este libro, hemos conseguido para *The Builder* una semblanza personal del Hermano Fort, escrita por su hermano, John H. Fort, acompañada de una fotografía muy bella, a la que se añadirá un estudio crítico y una estimación de G. F. Fort como erudito e historiador masónico por el Hermano O. D. Street, de Alabama.

La semblanza y la apreciación, tomadas en conjunto, servirán para presentar a los masones de esta generación a un hombre que vale la pena conocer tanto por su carácter como por su genio, y cuya obra es tan digna de estudio.

¿SANTA CLAUS MASÓN?

Hermano mío, no te pases de sabio con eso de Santa Claus, porque a menudo somos más tontos cuando nos creemos sabios, y más verdaderamente sabios cuando tememos ser tontos. Si hay un Niño Perdido a lo largo de los años -enterrado, puede ser, bajo la hojarasca de tu trabajo o el polvo de la molienda- ve a buscarlo el día de Navidad, si es así puedes aprender a confiar en el gran Padre, por un día, como lo hiciste en los tiempos en que el corazón era puro y la vida era nueva, antes de que el conocimiento hubiera perturbado las aguas de la fe y nuestros días se enfermaran con la pálida sombra del pensamiento.

Mira ahora esa imagen: un niño pequeño y su madre inclinada hacia él, un establo como refugio, un pesebre como cuna; los pastores con sus rudas vestiduras, los Magos con sus ricos perfumes; y sobre todo el misterio eterno del amor recién nacido, de la verdad anunciada por sencillos sentimientos rústicos y que exige el homenaje de la sabiduría antigua, y una luz que une a un niño con las lejanas y errantes estrellas. El Arte siempre amará esa escena, y la música la celebrará en una canción eterna. Es fácil dejar de lado todo esto como obra de la fantasía poética, demasiado fácil, por cierto, ya que su huella en la historia permanece, y la influencia de ese Niño, sobre cualquier teoría de Su origen, es la fuerza más noble que ha tocado aún la vida de nuestra pobre y triste humanidad. Desde aquel día, la Navidad ha viajado lejos, recogiendo muchas bellezas a su paso, hasta convertirse hoy en un vasto simposio de esperanza y alegría y pensamientos orientados hacia el futuro. Puck, Cupido, Ariel y Santa Claus, espíritus aéreos de Elfland, se han unido a su coro, con el pequeño Tim y su banda de árabes, cada uno aportando una nota de alegría pintoresca y curiosa.

Juntos celebran un concierto ese día, traduciendo los tenues y grises jeroglíficos de la vida en una sinfonía de esperanza, con muchas variaciones extrañas y espeluznantes tomadas de las flautas y la lira de los juncos que se mecen en la cañada. No es de extrañar que Shakespeare lo describa como un tiempo en el que los malos espíritus no se atreven a moverse, y el pájaro del alba canta durante toda la noche, tan sagrado y gracioso es ese día profético.

Porque la Navidad es una profecía, una nota de armonía en este mundo discordante, que induce una calidad más fina en nuestros pensamientos y un flujo más dulce de nuestros sentimientos hacia los demás. Nadie necesita firmar un credo, ni profesar un dogma, para ser feliz el día de Navidad, porque entonces es que tenemos una Comunidad Universal en la que no hay sectas, ni partidos, ni santos, ni pecadores, y su altar es una Cuna. En ese día, el hijo del trabajo, que en otros días podría haber lamentado que unos labios diminutos le hubieran llamado «padre», se sienta feliz junto a su chimenea. En ese Día, la madre cansada olvida sus preocupaciones y se eleva, por un breve tiempo, a algo parecido a la alegría. ¿Por qué este oasis en un desierto de días que no son más que un recuerdo confuso de lo que deberían ser? ¿Hay alguna explicación para este enigma? Para nuestro pensamiento, sí. Yace en el hecho de que la Navidad es una profecía, que mira no tanto hacia atrás como hacia adelante, hacia un tiempo venidero, pero tal vez lejano, en el que los hombres aprenderán a vivir según la Ley del Amor que en otros días niegan, Dios sabe por qué.

A pesar de un mundo en guerra, a pesar de los odios de clase, de los rencores raciales, del desenfreno de la avaricia y de la lucha por el poder y el dinero -sí, a pesar del cansancio de nuestros propios corazones que esperan el amanecer- tengamos esperanza nacida de la fe en la fuerza del amor, en el valor del perdón y en el advenimiento final de ese día de Navidad en el que...

Hermandad del bien,
Igualdad de derechos y leyes,
Libertad, cuyo dulce alimento
Alimenta a la multitud
Todos sus días y sus noches».

MASONERÍA EN EL HOGAR

Como la Navidad es el gran Día del Hogar -la fiesta de la Madre y el Niño, y todas las dulces e inefables asociaciones que se agrupan en torno a la más antigua y sagrada de nuestras hermandades humanas- nos permitimos llamar la atención sobre un sabio discurso sobre «La Masonería y el Hogar», por el Hermano T. Newburgh, pronunciado en la última reunión trimestral de la Gran Logia de Nueva Zelanda.

Pocas veces hemos visto una verdad tan profunda tan acertadamente expresada como en este breve discurso, que nos hace comprender a cada uno de nosotros, editor y lector por igual, el quid de la cuestión, y creemos que es necesario. Escucha:

> Debemos recordar, Hermanos, que como francmasones tenemos nuestras responsabilidades directas. Se nos enseña a practicar todas las virtudes tanto domésticas como públicas, y esto no puede hacerse bajo nuestro actual sistema de confinar todo el conocimiento del funcionamiento de la masonería en la sala de la Logia. En mi opinión, si el círculo doméstico de los francmasones recibiera un poco más de información inteligente sobre las aspiraciones y los principios de la masonería, sin duda nuestra Orden sería más tolerada de lo que generalmente es. El mundo masónico en el que vivimos rara vez se introduce en el hogar, con el resultado de que mucha gente se forma una idea de lo más distorsionada y grotesca de sus fines, objetos e ideales. En este sentido, creo que cometemos un error muy grave.

Nuestra Orden impone -o parece imponer- por ley no escrita o antigua costumbre, un secreto insensato, que no sólo es perjudicial para la armonía del hogar, sino despectivo para los mejores intereses de la Orden. Hermanos, no conozco nada en nuestra masonería actual que no deba tener su lugar, y un lugar muy decidido en el hogar medio... Hay algunos, muy pocos, que se enorgullecen de introducir la masonería en sus hogares, pero son excepciones a la regla. Es muy necesario para el bienestar del hogar que prevalezca siempre la máxima simpatía y si pusiéramos nuestra masonería más en contacto con nuestros hogares y la vida doméstica, sería mejor para todos los implicados.

Nuestra Orden no se juzga por las ideas que tenemos de ella, sino por las que transmitimos a los demás... ¿No es cierto, Hermanos, que la masonería de mañana sólo puede ser mantenida por los hijos de hoy? Y siendo así, debemos asegurarnos de que estén bien preparados para tan honorable posición, sentando las bases de una armonía genuina y comprensiva entre el hogar y el Oficio, y así llevar a ambos a una unión más estrecha que la actual.

Ahora bien, en mi humilde opinión el gran error que comete el masón promedio es en referencia al secreto de nuestra Orden. Seguramente nuestros hermosos cargos y enseñanzas son dignos de ser esparcidos a los cuatro vientos cardinales del cielo. Desgraciadamente, parece que nos hacemos la ilusión de que nuestras obligaciones nos obligan a mantener el secreto en todos los aspectos. No hace falta decir, Hermanos, que nuestros verdaderos secretos deben ser siempre guardados, pero si no bajamos a los hechos reales, y nos preguntamos: «¿Cuáles son los secretos del Arte?», y en el análisis me atrevo a afirmar que la mayor parte de nuestro ritual no encontrará lugar entre esos secretos. Hermanos, abandonemos de una vez por todas la estúpida e ignorante actitud de considerar la atmósfera moral e intelectual de la masonería como una corporación cerrada, de la que sólo se debe hablar en susurros o dentro de los recintos secretos de nuestras salas de Logia.

MASONERÍA PRÁCTICA

Hay signos que muestran que la masonería se está volviendo más práctica en el camino del servicio social, haciendo muchas cosas que ni siquiera la iglesia puede hacer. Aquí yace un rico campo de trabajo, sólo que se debe entrar sabiamente y con cuidado, para no involucrar a nuestras Logias en tales esfuerzos en nombre del mejoramiento social que requieren agitación y acción política. Pero un gran campo de oportunidades para el servicio social permanece abierto y libre de tal peligro, y muchas de nuestras logias se están volviendo activas en buenas causas, aplicando el espíritu de la masonería al servicio del bien común. Por ejemplo, los masones de Duluth se ganaron el agradecimiento de esa ciudad por reducir la tasa de mortalidad de la comunidad, gracias a su preocupación y servicio en materia de mortalidad infantil. Una logia de Washington imparte una clase de Biblia en un cine. En Kentucky se informa de que una logia ha donado mil dólares a una escuela comunitaria. Mientras tanto, el mismo espíritu está tomando forma nueva y tangible en nuevas formas de servicio entre los propios masones, como atestigua el número de oficinas de empleo en nuestras ciudades dirigidas por Logias. No hace mucho, en Minnesota, a un Hermano se le quemó el granero y un grupo de masones apareció en escena y lo reconstruyó mientras él estaba enfermo, masones «operativos» en realidad. Estos son unos pocos ejemplos entre muchos, que muestran de cuántas maneras la masonería puede prestar un servicio útil a la humanidad y cuán bien adaptada está para tales labores.

Oswald Wirth

LIBRO DEL
APRENDIZ MASÓN

Manual de instrucción iniciática

Oswald Wirth

LIBRO DEL
MAESTRO MASÓN

Manual de instrucción iniciática

Oswald Wirth

LIBRO DEL
COMPAÑERO MASÓN

Manual de instrucción iniciática

LA CASA DEL TEMPLO

POR EL EDITOR
Joseph Fort Newton

¡ON ceremonias solemnes e impresionantes, sin embargo, simple en espíritu y elocuente en la forma, la nueva Casa del Templo fue dedicado en la ciudad de Washington, 18 de octubre, el hogar del Rito Escocés Antiguo y Aceptado en su Jurisdicción Sur. Fue un día precioso, y más de cinco mil personas, entre ellas distinguidos masones de todo el país, presenciaron la consagración de uno de los edificios más singulares e imponentes de este continente, a la vez monumento a los fundadores de la Orden y emblema de la influencia y el poder del Rito. Mientras el Gran Prior rociaba el aceite, consagrando el Templo a la «Concesión Mutua, el Juicio Caritativo y la Tolerancia», una Paloma Blanca voló desde el otro lado de la calle, entró en el edificio y luego regresó a la brillante luz del sol en medio de la aclamación de la asamblea, que la interpretó como una señal acorde con el Espíritu de la masonería y la eterna adecuación de las cosas.

Nuestro frontispicio muestra la Casa del Temploe desde el exterior, y las ilustraciones que la acompañan revelan dos de sus majestuosas cámaras; pero describir semejante edificio en pocas palabras es algo demasiado atrevido para intentarlo. Verdaderamente, es la francmasonería tallada en piedra; un gran Símbolo en sí mismo, que personifica en virtud de su Simplicidad en Magnificencia, su Grandeza y Belleza de concepción, la Fe, la Filosofía, el Genio y la Profecía de la Orden, cimentados aquí, de una vez por todas, en un noble emblema destinado a resistir las tormentas del tiempo y las mutaciones de la desgracia humana. En su diseño es un cuadrado coronado por un triángulo, al que se accede por tres, cinco, siete y nueve escalones, y cuya puerta está custodiada por una esfinge a cada lado, que simboliza la Sabiduría y el Poder de Dios; y así permanecerá cuando llegue una generación y se vaya otra, como testigo mudo pero elocuente de la verdad de que, si el Hombre quiere construir para la Eternidad, debe imitar en la tierra la Casa no hecha con las manos. Con todo el derecho se dedicó:

A la Pureza, a la Inocencia de Acto, Palabra y Pensamiento; a la Concesión Mutua, al Juicio Caritativo y a la Tolerancia; a la Caridad, a la Compasión y a la Simpatía; a la Justicia, a la Noche y a la Verdad; a la Benevolencia Universal y a la Buena Voluntad hacia los Hombres; a la Legislación Sabia, a la Buena Fe, a la Lealtad Inquebrantable y al Honor; un Símbolo de Gratitud, Veneración y Amor a Dios, y una prenda de Futura Fidelidad y Cumplimiento del Deber». Masones de todas las tierras, de todos los Ritos, se unirán a las palabras del Soberano Gran Comandante, palabras graves pronunciadas con acierto, en las que la Oración se mezcla con la Profecía, y la Aspiración con la Resolución, cuando dijo:

Que la astucia y el engaño, la falsa pretensión y la hipocresía nunca se entrometan dentro de estas puertas; pero que siempre permanezcan como vigilantes vigilantes, la sinceridad y la franqueza, la franqueza y la seriedad para prohibir el acercamiento de cualquier visitante impuro. Para el aumento de la bondad amorosa, que es el alma de toda religión, para que sea el santuario del honor y del deber, inseparables como los Dioscuros; para glorificar y engrandecer la verdad, que, sembrada en cualquier suelo estéril y pedregoso, brota y rinde el ciento por uno para uso y bendición; para vencer en todas partes a la hidra de la tolerancia, del odio y de la persecución; para la tolerancia a la que la masonería erige sus altares, adornados de flores; y para ayudar a establecer en todas partes el dominio de Dios y la fe en la naturaleza humana, de la esperanza, la principal bendición otorgada por la Providencia al hombre, y de la caridad, la más divina de todas las virtudes, esta Casa del Templo ha sido consagrada».

CORRESPONDENCIA

IMPRESIONES DEL PRIMER GRADO

Lo que determina en qué grado trabaja una Logia es bien conocido por todo Maestro Masón y lo que vemos y oímos aunque no es para profanos, es sin embargo exotérico y pasa por ritual para quienes no comprenden su significado más profundo u oculto.

El cuadrado es un símbolo de la manifestación material, el triángulo es un símbolo de los tres aspectos de Dios. Cuando éstos se colocan en la relación adecuada entre sí, se consigue un resultado (se inicia algo).

Tres o más personas forman una empresa y, en determinadas condiciones, están facultadas para trabajar y trabajar por el bien. Con el fin de argumentar, transpongamos el bien y su opuesto el mal; el resultado no requiere ningún esfuerzo de la imaginación para ver el caos conjurado para despojar lo que es sublime.

Que se diga para vergüenza de los pocos que han exhibido emblemas con fines mercenarios que con su acto se ha iniciado algo malo, y el mal es la progenie.

En el primer grado la Escuadra lo domina todo, indicando que el trabajo es para la presencia material. Es cierto que los trabajos de la Logia se llevaban a cabo en el primer grado, y si no me equivoco, todavía se hace en Inglaterra: sin embargo este hecho no debe servir de precedente para concluir que es porque el primero es el más importante, pero como los trabajos son materiales, pertenecen propiamente dentro de los confines de una Logia mientras se está trabajando donde se pueden tratar las cosas de naturaleza material.

Del mismo modo, los dos grados restantes tienen funciones y significados distintos que suenan claros como campanas y están lejos, muy lejos, de ser elaboraciones.

No hay que olvidar, sin embargo, que el grado de A. E. sólo debe tratar el aspecto material, en la medida en que pueda ser refinado, para ser desarrollado más plenamente y perfeccionado espiritualmente en los grados sucesivos.

El pensador sale a la luz. Que nadie asuma que «las lecciones masónicas» son lecciones prácticas (materialistas), que tienen un valor de dólares y centavos, que el salario es una consideración monetaria y se excuse, o se esconda detrás de la expresión ritualista exotérica o literal del que dice «para el mejor sustento de sí mismo y su familia».

Si el salario fuera meramente monetario, la masonería no merecería ese nombre y hace tiempo que habría desaparecido y caído en el olvido. De cualquier manual masónico aprendemos que el metal es una sustancia densa, en otras palabras pertenece a este planeta o esfera.

El hombre es una creación polifacética y, aunque posee un cuerpo carnal, su verdadero ser está en el yo superior. Por lo tanto, es conveniente que al principio de su carrera masónica lo que es mundano, lo que es de la Tierra terrenal, sea separado de él para que la persona, el Yo, pueda ser libre.

Cuando uno reflexiona que el papel moneda que lleva en el bolsillo es un certificado (un cheque, por favor) que es una demanda de metal que nuestro Gobierno reconoce como el dinero real, esto queda claro. No entra dentro de lo posible imaginar que al yo superior se le pueda pagar un salario terrenal. Salario hay y el estudiante de masonería debe encontrarlo. Él y sólo él, cuando se encuentra a sí mismo (su yo superior) está en el camino y a partir de ese momento recibirá un salario y cuanto más trabaje más alto será el salario, y el mejor sustento para él y su familia.

El principiante pronto descubre que el paso que está dando no concierne a su culto a la Deidad, sus afiliaciones políticas, su posición en la comunidad ni a sí mismo (él de la mente carnal), y las experiencias por las que pasa no son para otros que los del oficio, sin embargo, a los miembros bien informados puede hablar sin restricciones ya que al hacerlo más pronto vendrá la luz del entendimiento.

El curso del candidato que busca el conocimiento no puede compararse con nada que se alterne yendo de la oscuridad a la luz, de la luz a la oscuridad sin fin; de hecho, la dirección es de Este a Oeste y de Oeste a Este y una vez que ve la luz nunca se pierde. Es la luz que se ve sin ojos, una luminaria que está más cerca, incluso atenuada, pero que lleva al pensador adelante, y adelante, buscando siempre más y más y más luz.

Todas las palabras escritas de Dios están ante él y por su poder sus promesas se convierten en resoluciones sagradas, y el estudiante de masonería se encuentra en libertad condicional bajo la custodia de su propio honor. No, como algunos suponen, «atados queramos o no». El significado interno es exactamente el inverso de lo que se entiende por liberado. Es la liberación de todo lo que esclaviza, el desencadenamiento del yo superior: y, armado con el conocimiento, el hombre sale adelante; se encuentra a sí mismo y es capaz de trabajar y recibir un salario.

La masonería proporciona al principiante los medios y se ocupa de que esté debidamente preparado para el trabajo; y le instruye en el uso de los utensilios. Todos conocen el simbolismo.

Entonces se le asigna un lugar. Encuentra sus responsabilidades entre sus semejantes, y que es la palabra viva de Dios.

- J. Oscar Bruce, Nueva York

UN RITUAL UNIVERSAL

Estimado Hermano Editor: En el número de septiembre de *The Builder* he leído un artículo titulado «¿Qué hacemos con el Ritual?» y al leerlo me he visto obligado a hacer las siguientes observaciones. En primer lugar, le diría que lo dejara estar, al menos por el momento. «¿Por qué?» Porque el tiempo, la energía y el dinero que se necesitarían para llevar a cabo un supuesto Ritual Universal podrían emplearse en un mejor beneficio para la Fraternidad.

En segundo lugar, ¿qué beneficio particular obtendrá la Fraternidad de un Ritual Universal? Nunca en mi experiencia masónica he sabido de un caso en el que a un hermano se le haya negado cualquier ayuda, auxilio o asistencia a causa de la diferencia en el Ritual, pero he sabido de casos en los que se les negó simplemente porque no estaban lo suficientemente familiarizados con su propio Ritual como para demostrar que eran dignos de cualquier ayuda o asistencia. Ahora bien, esto no era culpa de que el Ritual fuera diferente de algún otro Ritual, sino que la culpa era del propio Hermano porque no se familiarizaba con su propio Ritual. Y de hecho, creo que a menudo obtenemos muchas ideas al entrar en contacto con los diferentes Rituales, mientras que por otro lado me gustaría preguntar si no habría un cierto grado de peligro con un Ritual Universal, de volverse un poco descuidado o más bien un impedimento a la hora de admitir extraños en nuestras salas de logia. Soy de la opinión de que si estudiáramos más nuestros Rituales sería como frotarnos contra un edificio recién pintado, cuanto más nos frotemos contra él más se convencerá el mundo de su buen efecto. También estoy convencido de que deberíamos vigilar más de cerca nuestras Peticiones y comprobar que no recibimos más que el tipo de material que está dispuesto a dedicar tiempo y energía a estudiar el Ritual que ya tenemos; entonces y sólo entonces tendremos trabajadores, y una diferencia en el Ritual será una consideración secundaria. Cuántos de nosotros hemos visto o incluso ayudado a traer jóvenes a la luz en la masonería y eso es lo último que vemos de ellos, excepto ocasionalmente cuando hay Comidas. Hubo algo que se pasó por alto en la petición de ese joven, y de hecho creo que nosotros como masones deberíamos, cuando un amigo nos pide que firmemos su petición, detener al hombre allí mismo y preguntarle si sabe lo que significa ser masón y si hará todo lo posible por vivir de acuerdo con sus enseñanzas, y si estas preguntas se responden afirmativamente y el hombre realmente hace tal esfuerzo, mi conjetura es que tendremos un miembro que será de algún servicio a la Fraternidad. Pero imagino que en bastantes casos la respuesta a la pregunta sería algo así: «Bueno, está fulanito de tal, no veo que haga mucho caso a las enseñanzas de la masonería.» Esto sólo es una prueba más de que se han aprobado algunas peticiones que no deberían haberse aprobado. Un Hermano me dijo hace algún tiempo: «Que más le valdría a la logia dejar de admitir miembros y hacer masones a algunos que ahora tienen». Estoy muy impresionado con el plan adoptado por la Logia Arcana n.º 87 de Seattle, Washington, tal y como se describe en el número de abril de *The Builder*; de hecho, espero que llegue el momento en un futuro próximo en que nuestra Gran Logia adopte algo parecido.

Fraternalmente suyo,

C. L. Hargrave. Iowa

¿EL GENERAL GRANT MASÓN?

Estimado Señor y Hermano: En la página 247, de *The Builder* de octubre, bajo el título, «Preguntas», tomo nota de lo que dice P. G. M. Baird, del Distrito de Columbia, terminando: «Grant fue reportado como Compañero, pero no he podido verificarlo».

En la Correspondencia Templaria de Illinois, 1902, (páginas 131-139,) bajo la reseña de Oregón, por R. E. Sir John Corson Smith, Corresponsal, se encontrará la historia de los informes sobre el General Grant habiendo recibido algunos Grados Masónicos, etc., y en las páginas 137-8, hay una copia de una carta que Sir Smith escribió alrededor de 1892 al Rough Ashlar, Richmond, Virginia, contando todo acerca de su esfuerzo (de Sir Smith) para darle al Presidente Grant los Grados «a la Vista», y cómo se lo impidieron. (podríamos decir providencialmente.) Decimos esto, porque todavía no hemos conocido a un «masón hecho a la vista» que haya sido de algún beneficio para el Oficio como masón, y el presidente Grant no fue llamado a decir, como el presidente Taft es reportado en la prensa diaria, poco tiempo después, «que tenía motivos para lamentar no haber tomado los grados de la manera regular, entonces habría sabido más al respecto».

Fraternalmente suyo,

J. C. Kidd, Texas

¿FUE MILLARD FILLMORE MASÓN?

Sobre la tradición que relaciona a Millard Fillmore como un masón que se retractó durante la excitación de Morgan, estas palabras de una biografía reciente escrita por el Dr. William E. Griffis son interesantes: «De esta agitación antimasónica en el estado de Nueva York, surgió un brillante grupo de jóvenes políticos que aparecieron por primera vez en la política como líderes antimasónicos. Tres de ellos fueron William H. Seward, Thurlow Weed y Millard Fillmore. Con el último, el antisecretismo se convirtió en un artículo de fe y un principio activo durante toda la vida. Opuesto a cualquier forma de ocultismo y amante de la luz del día, Fillmore mantuvo con coherencia sus convicciones morales. A pesar de su conexión en su vida posterior con el partido «Native American». esto es cierto, ya que aunque nominado por los «Know Nothings», la carga de sus discursos es la lealtad a la Unión, como la pasión dominante de su vida». (Griffis: «Millard Fillmore», p. 10).

Francis W. Shepardson, Illinois

A FAVOR DE LA GRAN LOGIA GENERAL

Silas H. Shepherd, Wisconsin

Mi querido hermano: Me parece un hecho masónico extraño, que parece que no hay manera de que yo sepa que existe algún organismo fuera de nuestra Gran Jurisdicción. Resulta especialmente extraño que, a pesar de lo dispuesto que creo estar a conocer a hombres de su capacidad manifiesta, no parece haber ninguna razón masónica práctica para que yo sepa que usted existe.

Su estudio sobre el tema de «Los Landmarks de la masonería» no puede ser sobreestimado por nadie que tenga algún propósito práctico, a cambio de teórico, en la masonería.

Ojalá valiera la pena para que pudieras ser más preciso que decir que eres de «Wisconsin».

Usted demuestra el estado de caos en cuanto a los hitos. La pregunta práctica es: «¿Qué vas a hacer al respecto? ¿Cómo lo curará? Creo que revela una razón fundamental para actuar.

El anciano Parvin escribió un artículo sobre este tema en el que decía: «Aún no hemos definido lo que es un hito».

Supongo que se refería a su título, «Los hitos de la masonería regular «Ignorándolos, borramos todas las demás formas de masonería.

Cuando fui investido Gran Maestro en 1908, se me leyeron las siguientes palabras con voz muy seria, como si se me estuviera entregando algo de profundo significado y de importancia superlativa:

Los Antiguos Landmarks de la Orden POR LOS QUE NOS DISTINGUIMOS DEL RESTO DE LA HUMANIDAD están particularmente confiados a tu cuidado. Por lo tanto, es su deber más sagrado velar por que, durante su mandato, ni el menor de ellos sea eliminado.

Llamé a algunos de nuestros Pasados Grandes Maestros y les dije: «Apuesto 10 dólares a 1 centavo a que estas palabras son pura palabrería porque no pueden darme una lista de Landmarks que proteger». La Gran Logia de Indiana no puede decidir por sí misma cuáles son. Los Landmarks son fundamentales para la masonería Regular y la masonería Regular debe reunirse y establecer cuáles son e imponer la lealtad a ellos.

En esa sesión, nuestra Gran Logia se declaró a favor de una organización que podría haber resuelto esta cuestión. Wisconsin, entre otros, se rió de la idea, por lo que nuestra Gran Logia metió el rabo entre las piernas y huyó de un intento práctico de resolver esta y otras cuestiones que son comunes a la masonería regular.

No se ha dedicado suficiente trabajo de cabeza a la masonería en sus 200 años de existencia supuestamente «Especulativa» ni siquiera para resolver una cuestión tan fundamental como «Qué nos distingue del resto de la humanidad».

Tu estudio es valioso si le das seguimiento, de lo contrario, para qué sirvió. Prácticamente soy pragmático.

Lo que quiero decir es que usted nos da a través de *The Builder*, la enormidad de la situación que ha sacado a la luz y sugerir una cura adecuada. Eso es sentido práctico, ¿no?

Dentro de los Estados Unidos somos 48 diferentes, regulares, no articuladas Órdenes Masónicas, Fraternidades, sectas cultos, algo no sé qué. No tenemos un centro cerebral a nivel nacional o internacional. Nuestro sistema de Gran Logia significa que tenemos 48 centros ganglionares diferentes que atienden a la mera existencia. Usted debe formar parte de un centro cerebral en beneficio de la masonería. Usted, al menos, conseguiría mostrarnos dónde está la «basura». Su siguiente paso será mostrarnos cómo deshacerse de la basura.

Personalmente, no tendría ninguna controversia sobre lo que es un Landmark o lo que son. Mi hazaña en la vida tiene que ver con la organización. Dejemos que las distintas jurisdicciones se organicen para decidir y aplicar la lista que quieran.

El siguiente paso es lógico. Me pregunto si lo tomas. El oficiario de Wisconsin se ha negado a participar con nosotros en el movimiento «get together» que se ha venido desarrollando en los últimos seis años y que es la verdadera causa de su estudio, lo sepa o no.

Si tienes tiempo, envíame algunas ideas directamente a la cabeza. Me gustaría ver si permitiría a uno entrar.

Gracias por sus artículos. Los valoro mucho.

Muy atentamente,

Chas. N. Mikels, P.G.M. Ind. '08-'09

EN CONTRA DE LA GRAN LOGIA GENERAL

Hartland, Wisconsin, 2 de octubre de 1915

Querido hermano Mikels:

Su interesantísima y valiosa carta cuenta con mi más sincera atención. Creo que el artículo, que fue un humilde esfuerzo de un joven estudiante, ha cumplido su propósito. Se escribió para despertar el pensamiento y, eventualmente, para corregir errores.

Sería presunción de mi parte asumir el cargo de Dr. en Derecho Masónico y ofrecer una cura para las inconsistencias y errores que existen; pero creí que al hacer evidentes algunas de esas inconsistencias despertaría en la madura erudición del oficio un esfuerzo sincero por corregirlas.

Dices que «no parece haber ninguna razón masónica práctica para saber que existes en absoluto». Yo lo veo desde una perspectiva muy distinta. El mero conocimiento que tenemos unos de otros y que cada uno es un ferviente buscador de esa gran luz Verdad es la mejor razón masónica para que nos conozcamos.

A menudo he reflexionado sobre el término «masonería regular». Que llegue el día arpía en que el espíritu de amor fraternal; el sentimiento de reverencia por un Padre común; y una brillante esperanza de vida futura sean la única prueba de regularidad.

Me halagas con la idea de que debería formar parte del centro cerebral en beneficio de la masonería. Creo que en la medida de mis posibilidades, lo soy.

Soy consciente de que muchos de nuestros hermanos más serios y capaces son de la misma opinión que usted; que debería haber una organización Internacional o Nacional. En cualquiera de los dos casos me parecería que una Internacional sería la única racional. Una Gran Logia Nacional se basaría en el mismo principio que en la actualidad, pero a mayor escala.

El daño más pronunciado se hizo cuando nuestros juristas masónicos americanos formularon un sistema de Jurisprudencia que no sólo debía regirlos a ellos mismos sino a otros que no fueron consultados o reconocidos como poseedores de derechos que estábamos obligados por el espíritu de la masonería a respetar. Cuando un número suficiente de nuestros hermanos se eduquen tanto en el espíritu como en el ritual, y sostengo que una interpretación correcta del ritual es una «cosa de belleza», tendremos un ajuste de estos errores.

Soy de la opinión de que nuestra Sociedad de Investigación demostrará ser un factor muy valioso en la Educación de los Masones y que la luz en el este ya está alejando las nubes del caos que han envuelto a nuestra amada hermandad. Si en los últimos 200 años la masonería no hubiera hecho otra cosa que darnos a Albert Pike, el esfuerzo habría sido noblemente recompensado. Nos ha dado mucho a todos los que permitimos que nos sirva. Me ha dado una mayor fe no sólo en la vida futura, sino también en ésta. Esto me deja bastante claro «lo que nos distingue del resto de la humanidad».

¿Acaso una unidad de espíritu no tiene más valor que una mera organización formal?

Algunas de estas cosas son demasiado profundas para nosotros, los estudiantes más jóvenes, y probablemente me convenga escuchar y aprender más que intentar exponerlas, y si mi futuro ocio me lo permite, me resulta más agradable recoger las gemas de la basura que pulirlas.

Le agradezco mucho su amable carta.

Fraternal y cordialmente suyo,

Silas H. Shepherd.

EL CUERPO DE LA MASONERÍA

Querido Hermano Newton: En el Servicio de Instalación para las Logias subordinadas, como se usa en Wisconsin, ocurre lo siguiente. Pregunta: «¿Admites que no está en el poder de ningún hombre o cuerpo de hombres, hacer innovaciones en el cuerpo de la masonería?». Respuesta: «Sí, quiero». Ahora bien, la frase «cuerpo de la masonería» es una cuyo contenido es muy incierto para el masón medio. Hay quienes interpretan que se refiere particularmente al ritual, su lenguaje, su secuencia de grados, métodos de reconocimiento y similares. Además, hay quienes consideran que las enseñanzas de la Fraternidad encarnadas en las palabras «Amor Fraternal, Verdad, Templanza, Justicia», etc., son el «ne plus ultra»; y sostienen que tales enseñanzas constituyen el «cuerpo» de la masonería. Si estuvieras instalado en esta Jurisdicción ¿qué se te pasaría por la cabeza cuando respondieras «sí, quiero"? Fraternalmente suyo,

W. G. Coapman, Wisconsin

(Ésta es una cuestión que nos gustaría mucho debatir, ya que el punto planteado en la carta no sólo tiene que ver con el servicio de instalación, sino también con otros asuntos. Antes de dar nuestra noción o interpretación, nos alegraría escuchar a muchos de nuestros Hermanos. El fondo de la pregunta tal como se formula en la Gran Jurisdicción de Wisconsin, si no con las mismas palabras, se formula en todas las Jurisdicciones. Creemos que un debate sobre esta cuestión será más interesante y valioso que cualquier respuesta que podamos darle. Déjennos escucharlos, hermanos. - El editor).

LA CASA DE LOS HOMBRES

Estimado Señor y Hermano: Mientras servía en el ejército de los Estados Unidos en las Islas Filipinas me encontré con un panfleto que daba una descripción de una sociedad secreta entre los nativos de allí, llamada «Los Katapunans». Al no ser masón en ese momento, no le presté mucha atención, pero desde que me hice masón he pensado en ello y veo cierta similitud en algunas cosas con la masonería. Sé que uno de nuestros hombres, cuando fue capturado por los nativos, recibió un trato <u>exquisito</u> cuando se enteraron de que era masón. ¿Podría averiguar algo sobre esta orden y publicarlo en *The Builder*?

Atentamente,

W. A. Harper, Iowa.

(Casi todos los pueblos primitivos, hasta donde podemos remontarnos, tenían sus sociedades secretas -de hecho, la vida tribal de la antigüedad, en lo que se refiere a los hombres, era en conjunto una Sociedad Secreta llamada la Casa de los Hombres- una discusión científica de la cual se puede encontrar en «Primitive Secret Societies», por el Prof. Hutton Webster. Macmillan Co., Nueva York.

La Sociedad a la que se refiere el Hermano Harper es de este tipo y tal vez una salida de nuestros Miembros a las Islas Filipinas nos diga lo que se sabe de ella. Mientras tanto, si el hermano Harper puede encontrar un ejemplar de la revista *Mid-Pacific Magazine* de abril de 1913, podrá leer un interesante artículo titulado «Among the Melanesian 'Masons», de H. F. Alexander, en el que se describe una orden secreta similar en las Nuevas Hébridas. Los detalles difieren, pero todas estas sociedades tienen una similitud fundamental en su <u>propósito</u> y método: inician a los jóvenes en la virilidad, los obligan a obedecer la ley tribal y los entrenan en el buen hacer, de acuerdo con las normas de la tribu, habiendo probado primero su valor y su valía física y moral. La masonería hunde sus raíces en aquella antigua Casa del Hombre de la sociedad primitiva, y perpetúa su tradición y su servicio. El editor).

EN UN RINCÓN
DE LA BIBLIOTECA

MASONERÍA, ¿CUÁNDO, DÓNDE, CÓMO?

Los MANUALES de masonería se multiplican, y uno de los mejores que hemos visto es un pequeño volumen del Hermano George Thornburgh, Ex Gran Maestro de Arkansas, y editor del *Masonic Trowel*, titulado *Masonería, ¿cuándo, dónde, cómo?* Como nos dice en el prefacio, no es un libro ilustrado, ni una biografía, sino una historia, y en él sólo se menciona a los hombres de forma incidental, exceptuando a Washington y Pike, y con razón. El autor sostiene que la razón por la que los masones, por regla general, conocen tan poco de la historia de la masonería, no es por falta de interés en el tema, sino por falta de oportunidades para informarse, pocos tienen el tiempo o los medios para dedicarse a grandes y costosas peripecias que, al final, no aclaran la verdad. Para satisfacer la necesidad de los hombres ocupados, el Hermano Thornburgh ha escrito una historia de la masonería en un lenguaje sencillo, resumido y despojado de especulaciones, con la esperanza de que sea estudiado y apreciado por el Oficio.

El resultado es un pequeño libro muy interesante y valioso, que comienza con los ritos, rituales, juramentos y grados de la antigua masonería operativa, pasando después a la historia tradicional, y luego al crecimiento y desarrollo de la masonería especulativa y su extensión por todo el mundo. Sin duda habrá diferencias de opinión en cuanto a muchas cuestiones planteadas en este registro, como cuando el autor nos dice que «el Dr. Anderson, al no conocer la ceremonia del grado de Maestro Operativo, inventó la leyenda del tercer grado Especulativo», tomándola, sin duda, de los antiguos Misterios Egipcios. Por nuestra parte, cuestionamos esta afirmación a la vista de los hechos, y nos complacería que el hermano Thornburgh expusiera sus razones en las páginas de *The Builder*. Cualquiera que sea el punto de vista del autor en cuanto al origen de la masonería, cuando viene a decirnos lo que es la masonería, lo que enseña y cómo, y lo que está haciendo por la humanidad, está por encima de toda respuesta.

De hecho, el pequeño volumen está repleto de información útil, no sólo sobre el origen y los grados de la masonería azul, sino también sobre los grados capitular y críptico, el templarismo, el rito escocés, la Orden de la Estrella Oriental y el Santuario Místico. Se aborda la masonería negra, y la incursión de Morgan se trata muy breve y sabiamente, y el volumen se cierra con un esbozo de la masonería en Arkansas. Hay biografías de Washington y Pike, también mención de los poetas laureados de la masonería, Burns, Morris y Hempstead, y un poema de cada uno de ellos. El espíritu del libro es admirable, y su estilo es un modelo de sencillez y lucidez en la exposición de los hechos. Tales libros son necesarios en cada Gran Jurisdicción, y confiamos en que el presente volumen encontrará muchos lectores no sólo en Arkansas, sino en la gran compañía del Arte de los Constructores en todas partes.

* * *

LA FILOSOFÍA DE GOETHE

El hermano Paul Carus, editor de *The Open Court* y *The Monist*, es un trabajador prodigioso. Casi no pasa un año sin que aparezcan dos o más libros de su pluma, obras de investigación académica en campos muy diversos. El último que nos ha llegado es un estudio de *Goethe, con especial consideración a su filosofía*, tan bellamente impreso como noblemente escrito; y nos complace observar que da el debido lugar a la influencia de la masonería en la vida de ese «hombre de mentes múltiples». Otros biógrafos pasan por alto este aspecto de su vida, cuando en realidad no lo menosprecian. El hermano Carus nos describe a Goethe como hombre, poeta y pensador; y el hombre es una figura casi más atractiva que el poeta o el pensador. Era tan sanamente, tan ricamente humano; liberal, pero no escéptico; religioso, pero no dogmático; adoraba a Dios en la Naturaleza, y podría llamársele panteísta o monista -aunque, como nos dice el autor, era más seguidor de Cristo de lo que suele pensarse.

Como se ha dicho, la hermandad masónica de Goethe significaba para él más de lo que algunos de sus alumnos han estado dispuestos a permitir. Perteneció a la Logia Amalia, de Weimar, para la que escribió más de un poema masónico, posteriormente impreso en sus obras póstumas en 1833. Wernekke, en su volumen sobre *Goethe y el Arte Real*, también toma nota de sus poemas masónicos, algunos de los cuales fueron musicalizados y cantados en Logia. Al hablar del poema titulado «El legado», y en particular de los versos,

Ningún ser en nada puede caer;
El eterno vive en todos ellos,

El Hermano Carus señala que «el Sabio» que habita en el hombre es «el Arquitecto Omnisciente del mundo, una idea masónica»; y el significado es que la verdad por la que vivimos viene de Dios que marca las órbitas de las estrellas y guía sus cursos. Los amantes de Goethe encontrarán en este libro una delicia, y quienes no estén familiarizados con él difícilmente podrían pedir una introducción más inspiradora a una de las grandes mentes del mundo.

* * *

MATEMÁTICAS Y TEOLOGÍA

Los lectores de *The Builder* recordarán un librito sobre *Religión y Ciencia*, del Prof. Keyser, señalado en nuestro primer número; y si lo leyeron estarán ansiosos por ver su nuevo ensayo sobre «El Nuevo Infinito y la Vieja Teología». Aquí está la misma amplitud de miras, la misma firme comprensión de las grandes ideas, la misma magia de estilo. Sin embargo, lo que llama la atención en este pequeño libro es su revelación del servicio de la ciencia de las matemáticas a la fe religiosa y a la vida superior del hombre. En este sentido, el ensayo es luminoso, y podría haberse llamado, como pretendió en su día el autor, el mensaje de las matemáticas modernas a la teología. Porque el autor no es de esos miopes que piensan que, como últimamente se han quedado muchas cosas obsoletas, la teología es una ciencia caduca.

No es así. Tampoco lo será nunca mientras el hombre tenga que enfrentarse al oscuro misterio del mundo y a las preguntas que acompañan al ánimo pensativo o a la hora trágica. Como podemos leer:

> No creo que el declive de la Teología esté destinado a ser permanente. El presente no es más que un interregno en su reinado, y sus días caídos tendrán un final. Ha sido destituida principalmente porque no ha considerado oportuno aprovechar pronta y plenamente las dispensas del avance de los conocimientos. Cuando haya subsanado su actual falta de educación moderna y haya aprendido a brindar una generosa y ávida hospitalidad a la luz moderna, volverá a ascender y ocupará con dignidad, como antaño, un lugar exaltado en la escala ascendente de los intereses humanos y en la estima de los hombres ilustrados.

* * *

EL ESPÍRITU DE LA NAVIDAD

De un pequeño y tierno libro de Arthur H. Gleason, cuyas líneas están perfumadas con el espíritu de la gentil festividad de la que hablan, nos aventuramos a leer una página, mientras deseamos a nuestros hermanos una Navidad tan feliz como cualquiera pueda esperar tener en un mundo tan lleno del dolor de la guerra. Escucha y medita:

Cada año, durante un puñado de días, tan breves, tan rápidos, el Señor Cristo asume el liderazgo. Cada año le regalamos la semana de Navidad, permitiendo que Su voluntad prevalezca, que Su espíritu melancólico descanse sobre nosotros. Hacia ese suave interludio -los días de la Tregua de Dios- los hombres miran con nostalgia a través del relato de meses agotadores. Y cuando se acaba el breve plazo, con añoranza nuestros pensamientos se vuelven a ese tiempo en el que estuvimos bien juntos. Su espíritu respira a través de la estación, como música tenue en la noche. Se destierran las disputas, la ira y las prisas de los días pequeños. Nos entregamos a su bondad, como niños cansados que se acuestan a descansar. Mientras moramos en Su paz. Tocados por la mortalidad, como toda belleza terrenal, los rápidos días se deslizan, y los hemos perdido cuando la bienvenida aún está en nuestros labios. Si Su dominio sobre los corazones de los hombres fuera más que un episodio encantador, si Él pudiera permanecer, nos iría bien.

* * *

PREGUNTAS Y DEBATES

Nos informan de que los San Juan fueron eminentes mecenas de la masonería y que nuestra Orden está dedicada a ellos. ¿Cómo se sabe que el hecho anterior es absolutamente cierto? ¿Y desde cuándo se les dedica la masonería?

Además, ¿cómo sabemos que Pitágoras fue un eminente mecenas de la masonería, y cuándo y dónde fue elevado al sublime grado de maestro masón?

H.A.H.

Los dos San Juan fueron patronos de la Orden en el sentido de que enseñaron la Rectitud y el Amor, que son los fundamentos del carácter masónico. Históricamente, sus nombres se vincularon sin duda a la masonería poco después de la llegada del cristianismo, cuando los constructores cristianos dejaron de lado a las deidades paganas como patronos y adoptaron a los santos de la nueva fe. Esto se produjo gradualmente, y no se puede fijar una fecha. Los Old Charges de la masonería mencionan el día de San Juan como una antigua festividad de la Orden, lo que demuestra que era más antigua que los Old Charges. La Gran Logia de Inglaterra se organizó, «según los usos antiguos», el día de San Juan.

Pitágoras no era masón tal y como hoy conocemos la masonería, ni nunca fue elevado al grado sublime. Sin embargo, fue iniciado en más de una de las grandes órdenes secretas de la antigüedad y fundó una propia, utilizando los números como símbolos de la verdad moral y la fe espiritual. Fue, pues, un profeta de la masonería, una figura brillante en esa tradición de iniciación secreta y noble verdad en la que se erige nuestra Orden, y que perpetúa en el mundo moderno.

* * *

Dígame, por favor, en qué parte del mundo las mareas fluyen y refluyen dos veces en veinticuatro horas. Mi geografía debe ser mala. También les agradecería que me dijeran qué es un cuadrado oblongo. Estas cosas me hacen dudar.

J.K.P.W

Y no es de extrañar, porque, como dijo el viejo granjero cuando vio una jirafa por primera vez: «No hay animales así». No cabe duda de que tales errores se deslizaron en virtud de la ley de la exageración en aras del énfasis, y pueden corregirse fácilmente, como la altura de las Dos Columnas que se elevan tan alto en algunas de nuestras jurisdicciones.

* * *

¿No va siendo hora de dejar de remontar la masonería al principio de los tiempos, como solían hacer Oliver y otros? Sin duda, los hechos reales, tal y como podemos establecerlos, son una mejor base sobre la que construir.

F.J.L.

Sí, y No. A pesar de sus extravagantes y a menudo absurdas reivindicaciones de la masonería, se puede decir mucho en favor de la teoría de Oliver. En su *Historia de la Iniciación* nos llevó por todo el mundo, mostrándonos los ritos utilizados en muchas tierras, y su libro es a menudo poco fiable y siempre poco científico. Sin embargo, un hombre de ciencia como el Prof. Webster, en su obra *Primitive Secret Societies*, confirma el argumento principal de Oliver, y remonta la historia de la iniciación aún más atrás, a la Casa de los Hombres en la vida tribal primitiva. Oliver se equivocó al identificar esas iniciaciones primitivas con la masonería tal como la conocemos, cuando sólo eran sombras de ella. Las logias secretas para entrenar a los hombres en la rectitud, el honor, el valor y la buena voluntad se remontan incluso a tiempos prehistóricos, y esto fue lo que Oliver trató de decirnos, aunque a veces mezcló las cosas. Nuestro punto es que la Logia, en una forma u otra, es una de las más antiguas, así como una de las más grandes, instituciones de la humanidad; y la masonería continúa su ministerio hoy, como ninguna otra orden puede esperar hacerlo jamás.

* * *

Respondiendo a un Hermano que pregunta sobre el grado de Past Master, podemos decir que, según las primeras Regulaciones de Atholl, es decir, el cuerpo en Inglaterra que se llamaba a sí mismo los Antiguos antes de la unión de las Grandes Logias en 1813, sólo los Maestros y Past Masters eran elegibles para la exaltación al grado de Arco Real. Esto llevó a la invención del «Grado de Past Master», que se otorgaba a los Hermanos que nunca habían ocupado una Silla en una Logia con el fin de calificarlos para el Grado de Arco.

(Véase *History of the English Rite* de Hughan, Ed. 1909). El grado de Maestro Instalado se conoció en una época anterior, pero el de Past Master, o como se denomina a veces en las actas antiguas «Maestro Pasado», surgió como se ha indicado anteriormente.

* * *

He visto repetidas referencias en mis lecturas masónicas a lo que se llama «la conferencia prestoniana», pero nunca he podido entender de qué se trataba. Tal vez puedas decírmelo.

J.G.M.

William Preston, fallecido en 1818, dejó una suma de trescientas libras como dotación para la impartición anual de una conferencia. La conferencia debía versar sobre los Grados Primero, Segundo o Tercero de la masonería según el sistema practicado en la Logia de la Antigüedad durante su mandato como Maestro. (*History of Masonry* de Gould, Vol. 3, p. 11). Pero si se trataba de una conferencia preparada para ser leída o recitada por el conferenciante, o de una conferencia preparada por él, no está claro. Algunos dicen una cosa, otros dicen la otra. Se nombraron varios conferenciantes en varios años, siendo el Hermano Henry G. Warren el último en recibir el pago en 1862. Por cierto, no es una mala idea para revivir en nuestro tiempo.

Supongamos que un masón adinerado, o una Gran Logia, dotara una cátedra de este tipo, y que cada año algún hombre capaz pronunciara una conferencia sobre uno de los tres grados, ¿no significaría mucho?

Se han recibido varias preguntas relativas a la masonería negra, tanto sobre su situación como sobre los mejores libros que tratan de ella. La Gran Logia de Nueva Jersey tiene una Logia Negra -o más bien una Logia mixta- bajo su obediencia, la Logia Alfa de Newark. Cuando esto se supo, la Gran Logia de Mississippi rompió relaciones fraternales con Nueva

Jersey en 1909. Oklahoma siguió el ejemplo de Mississippi, pero en febrero de 1914 revocó su medida. Con esta excepción, la masonería negra es una organización separada en este país. El American Freemason ofrece la siguiente lista de libros que tratan sobre la masonería negra, siendo el primero de ellos la obra de referencia:

Negro Masonry, del V.M. H. Upton, obtenido de H. F. Belt, 15 Court Square, Boston, Mass., precio 1,50 $.

History of Freemasonry Among the Negroes of North America, del V.M. H. Grimshaw. A la venta por el autor, al cuidado de la Biblioteca del Congreso, Washington, D. C.

Prince Hall and his Followers, de G. W. Crawford. The Crisis, 70 Fifth Ave., Nueva York, precio 1,05 $.

Negro Mason in Equity, de S. W. Clark. Obtenido de J. J. Lee, Gran Secretario de los Masones Prince Hall, 1403 Granville Ave. Columbus, Ohio.

* * *

Ciertamente, los símbolos de la construcción y de la geometría figuran entre las formas más antiguas del pensamiento humano. También parecen estar imbricados en la Naturaleza. ¿No será que son las formas mentales del Arquitecto Supremo?

J.K.L.

Manifiestamente. Números, triángulos, círculos, cuadrados, pentágonos, hexágonos se revelan en la Naturaleza a nuestro alrededor, desde la gota de rocío hasta el sol en su gloria, desde la arquitectura juguetona de un copo de nieve hasta las órbitas de las estrellas. Están en la estructura del universo, y deben ser las formas-pensamiento del Eterno, pues de lo contrario no serían las formas naturales y autocomplacientes de la materia. «Todas las cosas están en números», dijo Pitágoras; «el mundo es una aritmética viva en su desarrollo, una geometría realizada en su reposo».

La naturaleza es un reino de números; los cristales son geometría sólida. La música utiliza figuras geométricas y no puede liberarse de los números sin morir en la discordia. Como dijo Platón, «Dios siempre está geometrizando», y en otro lugar señaló que «La geometría correctamente tratada es un conocimiento de lo Eterno». Cuando utilizamos estos grandes y sencillos símbolos no hacemos sino pensar los pensamientos de Dios en pos de Él, como dijo Kepler cuando miraba por su telescopio el cielo de medianoche. Del mismo modo, cuando vivimos nuestras vidas en el Nivel, por la Cuadratura, probándolas por la Plomada, y manteniendo nuestras pasiones circunscritas por el Círculo, estamos en armonía con el orden moral del mundo.

* * *

Varios Hermanos nos han pedido que retomemos la discusión de TK el tiempo suficiente para definir lo que entendemos por misticismo. Tal vez pueda enunciarse brevemente de esta manera: El místico -y todos nosotros somos místicos si fuéramos lo bastante sabios para saberlo- se guía por una percepción, hace una afirmación apasionada: que la Unidad subyace a toda diversidad; un sentido de la unidad de las cosas, del parentesco de toda vida, nunca mejor expresado que por Krishna en el poema hindú:

> Existe el verdadero conocimiento. Es éste:
> Para ver una vida inmutable en todo,
> En lo separado, Uno Inseparable.

Naturalmente, si esto es realmente un universo, si la unidad subyace a todas las cosas, entonces el hombre debe tener alguna parte de la naturaleza de Dios; y sobre este hecho del parentesco de todos los hombres con Dios descansa todo nuestro pensamiento, ya sea en ciencia, filosofía o religión. Y puesto que el hombre es semejante a Dios, es capaz de conocer a Dios a través de lo que es semejante a Dios en sí mismo, es decir, a través de su alma. Tal es la visión de todos los pensadores místicos, desde Platón hasta Emerson, y es inquebrantable.

Sin embargo, el conocimiento espiritual es diferente de la mera información intelectual; no sólo diferente, sino más profundo. Conocemos una cosa mentalmente mirándola desde fuera, comparándola con otras cosas, analizándola y definiéndola. Mientras que espiritualmente sólo conocemos una cosa haciéndonos semejantes a ella. Uno puede conocer la teoría de la música y, sin embargo, no ser músico. Hay que amar para conocer el amor, como está escrito: «El que ama ha nacido de Dios y conoce a Dios, porque Dios es amor.» Lo semejante es conocido por lo semejante, y la única condición del conocimiento más elevado es la semejanza y la unión con el objeto del conocimiento. Como decía Eckhart, Dios y el alma son uno en el acto de conocer.

Por tanto, la búsqueda del místico -y de todo hombre en la medida en que es místico- es la unión con Dios; el conocimiento que procede del carácter; la armonía. Aquí reside el significado de nuestra búsqueda masónica de la Palabra Perdida, que nunca podremos encontrar realmente hasta que la Palabra se haga carne en nuestras vidas, hasta que se traduzca en nuestro carácter. Aunque conociéramos el Nombre último e inefable y lo gritáramos desde lo alto de la casa, sólo sería un sonido vacío, a menos que lo hubiéramos encarnado en nuestras vidas. De este proceso de refinamiento espiritual por el cual, lentamente y por la lucha, la Palabra Eterna se convierte primero en un susurro y luego en una melodía dentro de nosotros, los Grados

Masónicos son una alegoría, sólo un símbolo, y tonto es aquel que confunde el símbolo con el hecho.

Al final del año, cuando los hombres reflexivos suelen mirar antes y después, y hacer balance de las cosas hechas o dejadas de hacer, y desean que la luz les guíe a lo largo del viejo y tortuoso camino humano, nos permitimos transcribir el tributo de Heine a la Gran Luz de la masonería; uno de los tributos más nobles por provenir de un hombre al que llamaban escéptico, y cuya poesía era una mezcla de sonrisa, lágrima y burla:

> ¡Qué Libro! Más extraño aún que su contenido es para mí su estilo, en el que cada palabra es, por así decirlo, un producto de la naturaleza, como un árbol, una flor, como el mar, las estrellas, como el hombre mismo. Uno no sabe cómo, no sabe por qué, lo encuentra todo muy natural. En Homero, el otro gran libro, el estilo es un producto del arte, y los materiales siempre, como en la Biblia, se toman de la realidad, pero se moldean en forma poética como si se refundieran en el crisol del espíritu humano. En la Biblia no hay el menor rastro de arte; es el estilo de un libro de notas en el que el Espíritu Absoluto entró en el incidente diario con la misma veracidad real con la que escribimos nuestra lista de la colada. Un libro Sí, es un viejo libro honesto, modesto como la Naturaleza, modesto como el sol que nos calienta, como el pan que nos alimenta; un libro lleno de amor y bendición como la vieja madre que lo lee con sus labios queridos y temblorosos. Con razón se llama las Sagradas Escrituras. Quien ha perdido a su Dios puede reencontrarlo en este libro; y quien nunca lo ha conocido es aquí golpeado por el soplo de la Palabra Divina.

* * *

ARTÍCULOS DE INTERÉS

«A War-time Initiation», de A. S. Mackinzie. Francmasón del Suroeste.

«Investigación Masónica», por Geo. E. Frazer. *Revista Masónica* de Illinois.

«El Primer Grado», A. W. Witt. Francmasón de Kansas City.

Conferencia sobre el Primer Grado, D. S. Wagstaff. «El tablero de trazado».

«Masonería en un copo de nieve», Frank C. Higgins. Estandarte Masónico.

«La Casa del Templo». *La Nueva Era.*

LIBROS RECIBIDOS

Masonry, When, Where, How, de George Thornburgh, Little Rock, Ark.

Henry Codman Potter, de George Hodges. Macmillan Co., Nueva York.

The American Indian as a Slaveholder, de A. H. Able. A. H. Clarke Co., Cleveland.

Myths and Legends of Ancient Egypt, de Lewis Spence. F. A. Stokes Co., Nueva York.

Conferencia de Lake Mohonk sobre arbitraje internacional, 1915.

The Spirit of Christmas, de A. H. Gleason. F. A. Stokes Co., Nueva York.

Aristocracy and Justice, de P. E. More. Houghton Mifflin Co., Boston.

MASONICA

Ediciones del Arte Real